花样滑冰

全民健身项目指导用书

何思淼◎主编

吉林出版集团股份有限公司　全国百佳图书出版单位

图书在版编目（CIP）数据

花样滑冰 / 何思淼主编. -- 2版. -- 长春：吉林
出版集团股份有限公司, 2010.2(2024.8重印)
全民健身项目指导用书
ISBN 978-7-5463-2368-8

Ⅰ.①花… Ⅱ.①何… Ⅲ.①花样滑冰－基本知识
Ⅳ.①G862.2

中国版本图书馆CIP数据核字(2010)第028360号

全民健身项目指导用书

花样滑冰
HUAYANG HUABING

主　编	何思淼
责任编辑	林　丽
封面设计	吕宜昌
开　本	650mm×960mm　1/16
印　张	8
字　数	60千
版　次	2010年2月第2版
印　次	2024年8月第4次印刷

出版发行	吉林出版集团股份有限公司
地　址	吉林省长春市福祉大路5788号
邮　编	130000
电　话	0431-81629968
电子邮箱	11915286@qq.com
印　刷	三河市金兆印刷装订有限公司
书　号	ISBN 978-7-5463-2368-8　　定　价　39.80元

序言

自 1995 年我国政府推出《全民健身计划纲要》以来，我国群众性体育活动蓬勃发展，取得了显著的成绩。2008 年，举世瞩目的北京奥运会的成功举办，极大地激发了亿万人民群众的体育热情，增强了全社会的体育意识，营造了浓厚的全民健身氛围。面对这样的可喜局面，群众体育科研、教学工作者应义不容辞地为社会实践服务，从不同角度思考，如何使普通百姓通过简而易行的身体锻炼方式、方法和手段达到良好的健身效果，达到拥有健康的目标，从而享受生活、享受快乐人生。该书系就是在这样的思想指导下诞生的。

本书系能够顺应国家体育的大政方针，掌握时代脉搏，对指导大众健身，使大众掌握健身方法和手段有很好的促进作用。

本书系图文并茂，实用性强，分为球类运动、体操健身运动、传统武术、冰雪运动、水上运动、体育舞蹈、休闲运动、格斗运动、民间体育活动和极限运动等十大类项目，计 100 分册，按照统一的体例，力争有所创新。每册的具体内容为该项目的起源与发展、运动保健、基本技术、运动技巧、比赛规则等，使读者在学习过程中，不仅能够学会运动健身的方法，同时还能够学到保健方面的基本知识。

经国务院批准，自 2009 年起，将每年的 8 月 8 日定为"全民健身日"。《全民健身项目指导用书》的出版，必将为开展全民健身活动起到积极的推动和指导作用。

目录 CONTENTS

目录 CONTENTS

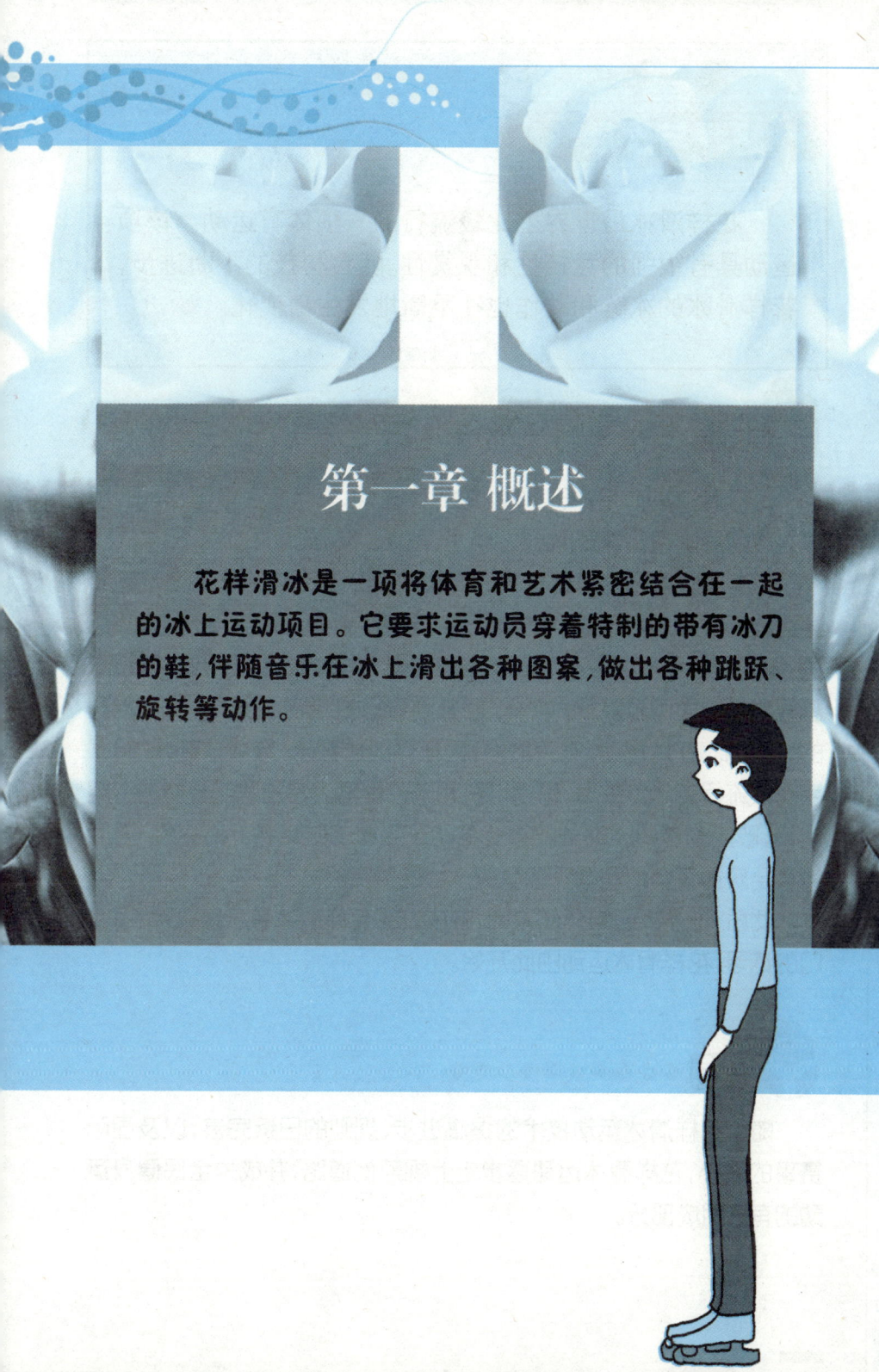

第一章 概述

　　花样滑冰是一项将体育和艺术紧密结合在一起的冰上运动项目。它要求运动员穿着特制的带有冰刀的鞋，伴随音乐在冰上滑出各种图案，做出各种跳跃、旋转等动作。

第一节
起源与发展

花样滑冰是世界上比较流行的一项体育运动。该项运动具有很强的竞技性和观赏性。随着科技的不断进步，花样滑冰的冰鞋和动作也在不断地发生着变化。

花样滑冰运动起源于 18 世纪的英国，后来相继在德国、美国、加拿大等欧美国家迅速开展。

在美国，著名芭蕾舞表演艺术家杰克逊·海因斯别出心裁地把滑冰运动与舞蹈艺术融为一体，赋予花样滑冰新的面貌。1863 年，杰克逊·海因斯来到欧洲，在斯德哥尔摩、柏林、布达佩斯、彼得堡、赫尔辛基等城市做巡回表演。1868 年，他来到著名的"音乐之都"——奥地利的维也纳。在冰场上，杰克逊·海因斯伴随着音乐，穿着冰鞋，跳起了当时最流行的华尔兹舞、玛祖卡舞和卡德里舞。特别是他表演的蹲踞旋转，敏捷的步伐和优美的舞姿轰动了当时的维也纳。杰克逊·海因斯甚至获得了奥地利国王约瑟夫一世的赞赏。

此后，许多人纷纷拜他为师，并成立了花样滑冰俱乐部，开始了专门的练习，花样滑冰运动由此开始。

随着花样滑冰运动技术的提高进步、规则的日臻完善，以及国际赛事的举办，花样滑冰运动逐步走上规范化道路，并成为全民健身运动的有机组成部分。

 传播

1868 年,召开第一次美洲滑冰代表会议,会议制定了一些有关花样滑冰的竞赛方法。

1872 年,奥地利举办了世界第一次花样滑冰比赛。

1882 年,奥地利花样滑冰选手弗列依和他的妻子在维也纳冰场手拉手跳起了双人舞,在场的人都为他们新颖的动作和协调的配合所吸引。此后,花样滑冰双人滑诞生了。

1892 年,在荷兰的阿姆斯特丹召开了第一次各国滑冰协会代表的联席会议。

1896 年,在俄国彼得堡举行了第一届世界男子单人花样滑冰锦标赛,当时仅有 4 人参加。

1906 年,在瑞士达沃斯举行了第一届世界女子单人花样滑冰锦标赛。

1908 年,在伦敦举行的奥运会花样滑冰比赛中,俄国选手巴宁夺得了男子单人滑冠军。

 机构与赛事

❋ 机构

国际滑冰联盟 1892 年在荷兰成立,现有会员 30 多个,总部设在瑞士的达沃斯。国际滑联是国际单项体育组织联合会会员,并得到了国际奥委会的承认。

我国于 1956 年加入国际滑联。

❋ 赛事

（1）冬奥会花样滑冰赛,每 4 年 1 届;

（2）世界花样滑冰锦标赛,每年 1 届。

发展趋势

国内趋势

目前,我国的花样滑冰运动水平有了长足的进步,其中尤为突出的是我国女子单人滑选手陈露。1995年,她在英国伯明翰夺取了世界冠军的称号,这标志着我国花样滑冰事业登上了一个新的台阶。

花样滑冰的运动强度较大,能够促进人体血液循环,增强心血管系统功能,提高有氧运动能力。同时,练习花样滑冰,还能够通过快速不停的旋转和跳跃使神经系统和前庭分析器得到很好的锻炼,从而增强身体的平衡能力,尤其适合于青少年健身爱好者练习。

随着我国经济的持续发展、人民生活水平的不断提高,健康已经成为人们追求的目标。尤其是《全民健身计划纲要》实施以来,全民健身运动在全国范围内蓬勃发展,具有中国特色的全民健身体系的框架已经初步形成,越来越多的人重视并参与到健身运动中来。花样滑冰以其独特的魅力,已经发展成为全民健身运动中不可缺少的组成部分,受到了越来越多的健身爱好者的喜爱。

国外趋势

花样滑冰运动在欧洲及北美洲发展迅速,奥地利、俄罗斯、英国、加拿大、美国的实力都很强。随着各种国际赛事的举办,各国花样滑冰选手的实力不断增强,花样滑冰的各项技术水平也在向越来越高的方向发展。

第二节

场地、器材和装备

花样滑冰运动对场地、器材和装备都有较高的要求。高质量的场地是花样滑冰运动开展的前提,而良好的器材和装备则是运动参与者发挥较高水平的必要保证。

概述

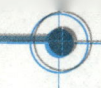

花样滑冰的冰场有天然冰场和人工冷冻冰场之分。人工冷冻冰场又分为室内冰场和露天冰场两种。正规的花样滑冰比赛都在室内冰场举行，日常练习可以任意选择场地。

规格　　见图 1-2-1

花样滑冰标准场地长 60 米、宽 30 米，也可根据具体情况而定，但长度应不少于 52 米、宽度应不少于 26 米。

图 1-2-1

设施

花样滑冰的设施与其他运动相比，相对比较简易，主要是需要音响设备，一般的家庭音响就可以。

要求

（1）室内冰场的室内温度应保持在 15℃以下，冰面温度应控制在 -6℃～-5℃；

（2）冰的厚度应不少于 5 厘米。

装备
场地、器材和

器材

花样滑冰运动的主要器材是冰刀、冰鞋。良好的器材是花样滑冰运动顺利开展的重要保障,甚至在一定程度上决定着比赛的胜负。

规格

自由滑冰刀　见图1-2-2

刀身弧度略小,前端的刀齿离冰面略近,便于利用刀齿完成运动中的一些跳跃和旋转动作。

图形冰刀

刀身弧度略大,前端的刀齿离冰面略远,可防止冰刀转动时刀齿刮冰,影响冰上图形线痕的清晰度和准确度。

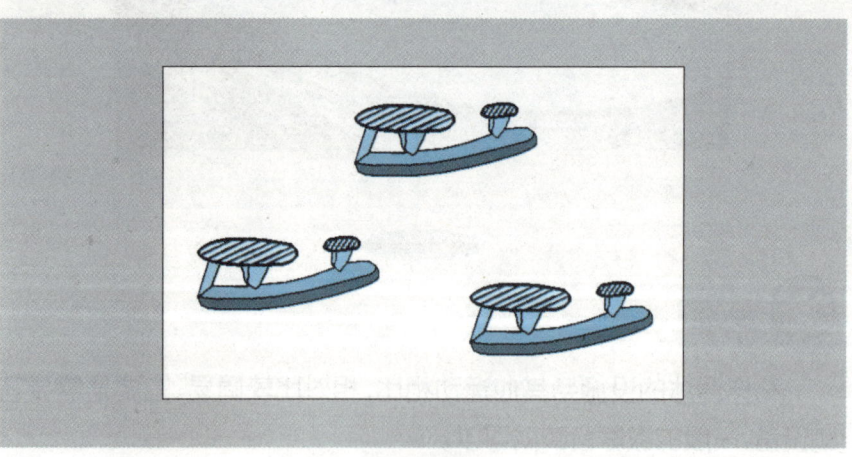

图1-2-2

要求　见图1-2-3

(1)冰刀最小面的刀齿在鞋底前端的边缘处,刀尾应超出鞋后跟1~2厘米;

(2)冰刀前端应镶在大拇脚趾和二脚趾之间,刀尾应在鞋底后跟略偏外一侧；

（3）应经常保持沟槽两侧冰刀刃的锐利；

（4）刀身下面的沟槽，要保持一定的深度，沟槽的弧形要浅而匀，为保持沟槽两侧冰刀刃的锐利，要经常研磨沟槽；

（5）冰刀使用后，应将刀上的冰屑和水珠擦干，避免冰刀生锈；

（6）从室内穿冰刀鞋走向冰场时，应带上刀套，以保护刀刃。

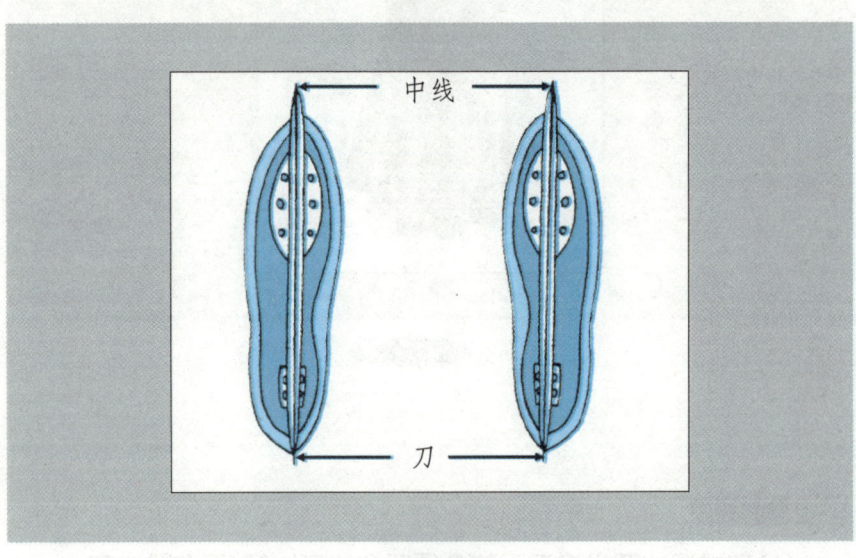

图 1—2—3

装备 ◆◆◆◆◆◆◆◆◆◆

花样滑冰是一项表现美的运动。为了运动中的安全，对服装和冰鞋都有很严格的要求。

服装

❀ 款式　见图 1—2—4

花样滑冰的服装应美观大方。比赛时，男子上身衣着不限，下身可穿合体的直腿西服裤，一般配黑色冰鞋；女子穿紧身的连衣短裙，一般配白色冰鞋。平时练习可穿一般的运动服装。

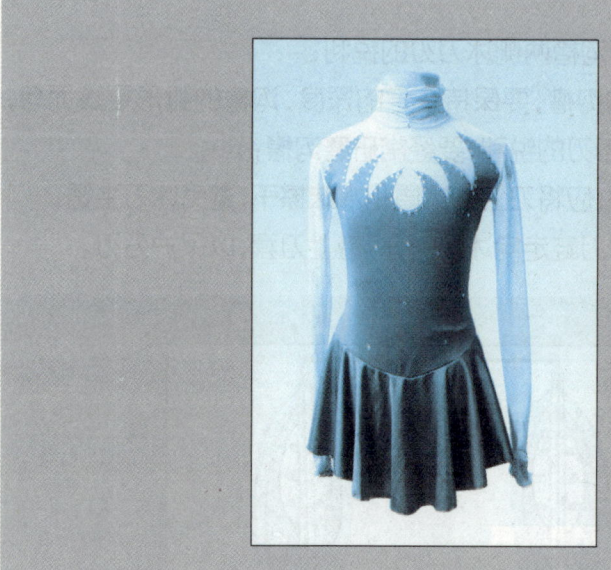

图 1-2-4

 **要 求**

（1）花样滑冰要求选手服装必须适合体育比赛，要典雅大方；

（2）为了表达音乐的风格和特点，允许参赛者设计各自不同的服装，但服装上的装饰物，如羽毛、亮片、珠子等应尽量少些，且不得在比赛中将其掉到冰面上；

（3）男选手不得穿露胸的服装，女选手不得穿露肤的上下分体式服装，短裙的下摆应超过臀部。

 **冰 鞋**

 **款式** 见图 1-2-5

花样滑冰运动的冰鞋最好是按自己的脚形制作。冰鞋的鞋勒、鞋跟较高，鞋勒帮、鞋底较硬。鞋勒以达到踝关节以上为宜，如果太高会妨碍小腿肌肉的活动。跟高与鞋的大小成一定比例，一般 26 厘米长的鞋，跟高 5～6 厘米。

图 1—2—5

 要 求

冰鞋要经常用保革油擦拭,以保持皮革的柔润光滑。

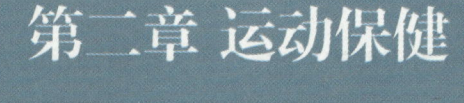

第二章 运动保健

　　体育运动对增强体质、预防疾病和促进健康具有良好的作用。但是，并非所有人从事相同的运动都会达到同样的效果。对于同一种运动负荷，不同人机体的反应差异是很大的，即使同一个体，在不同时期、不同机能状态下，对同一负荷的反应及效果也是不一样的。因此，对于不同个体，应制定适合其机能需要的运动强度、时间、频率和持续周期。从事体育锻炼一定要讲究科学性，使机体最大限度地获得运动价值，使某些疾病得到有效的防治。

第一节
自我身体评价

　　自我身体评价是指根据个体的不同情况以及简单的功能评定标准，对锻炼者进行身体评价，并以此为依据，确定具体的锻炼内容。

 ## 适宜人群

　　体适能是全身适应性的一部分，是人体精神和体力对现代生活的适应能力。为了促进健康，预防疾病，提高生活质量和工作学习效率，几乎所有人都可以追求健康体适能，而且经过简单的评价和测试，均可以成为目标人群，即适宜人群。

健康体适能评价标准

　　健康体适能是指身体有足够的活力和精力处理日常事务，而不会感到过度疲劳，并且还有足够的精力去享受休闲活动和应对突发事件。

　　健康体适能是确定锻炼者是否为运动适宜人群的主要依据。目前的评价标准主要包括国民体质测定标准、学生体质测定标准和普通人群体育锻炼标准等。

　　国民体质测定标准主要包括形态指标、机能指标和素质指标3个部分，各项指标的测定结果均为1～5分，共5个级别。凡各项指标达不到4分或5分者，均应被纳入健身人群。

　　学生体质测定标准分为优秀、良好、及格和不及格4个级别。优秀水平以下者，均应被纳入健身人群。

　　普通人群体育锻炼标准分为5个级别，凡达不到4分或5分者，均应被纳入健身人群。

简易运动功能评定

简易运动功能评定的目的在于确定锻炼者有无运动禁忌症或临时运动禁忌的情况，即是否适合参加体育锻炼，以达到防备万一、避免意外事故发生的目的。目前通行的方式为 3 分钟踏台阶测试。

 目的

测试锻炼者运动后心率恢复的情况，以评估其心肺功能。

 器材　见图 2-1-1

30 厘米高的长凳、节拍器、秒表和时钟。

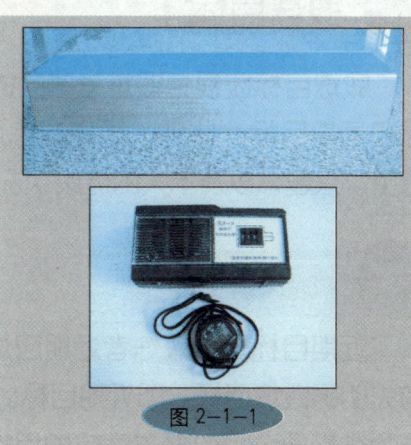
图 2-1-1

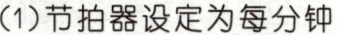 **步骤**　见表 2-1-1

（1）节拍器设定为每分钟 96 次，锻炼者依"上上下下"的节拍运动 3 分钟。

（2）锻炼者完成 3 分钟踏台阶后，5 秒钟内开始测量其脉搏，时间为 1 分钟，记录其心率，并依据下表评价其功能水平。

（3）运动后心率越低，证明其心肺功能越好。在运动强度允许的范围内，锻炼者可选择运动强度的较高值来进行运动。

 表 2-1-1　**3 分钟踏台阶测试评价表**

	年龄(岁)	欠佳(次)	尚可(次)	一般(次)	良好(次)	优异(次)
男士	18~25	>115	105~114	98~104	89~97	<88
	26~35	>117	107~116	98~106	89~97	<88
	36~45	>119	112~118	103~111	95~102	<94
	46~55	>122	116~121	104~115	97~103	<96
	56~65	>119	112~118	102~111	98~101	<97
	65+	>120	114~119	103~113	96~102	<95
女士	18~25	>125	117~124	107~116	98~106	<97
	26~35	>128	119~127	111~118	98~110	<97
	36~45	>128	118~127	110~117	102~109	<101
	46~55	>127	121~126	114~120	103~113	<102
	56~65	>128	118~127	112~117	104~111	<103
	65+	>128	122~127	115~121	101~114	<100

注意事项

如锻炼者经过努力仍无法达标，或出现头晕、胸闷、出冷汗等症状，应立即终止测试。运动中应特别考虑运动强度，以防止出现意外。

锻炼目标 ◆◆◆◆◆◆◆

锻炼目标应根据锻炼者不同的身体状况来确定，可分为近期目标和远期目标。此外，确定锻炼目标还应结合锻炼者的运动意向、愿望、兴趣，以及本人的健康状况、疾病程度等因素来进行。

近期目标

近期目标是指锻炼者近期应达到的目标。在进行运动之前，应首先明确锻炼目标，即近期目标。选择一两个健康体适能构成要素，作为未来两个月内努力完成的目标，而且应从成功概率较高的构成要素开始，并将预期两个月后要达到的目标做上记号，如提高某个或某些关节的活动幅度，增强某个肌肉群的力量等。

远期目标

远期目标是指锻炼者最终要达到的目标。实践证明，经过科学合理的锻炼后，锻炼者是可以达到一般的远期目标的，如提高心肺功能，使其达到优秀的等级，或达到降血脂、防治高血压和冠心病的目的等。

运动负荷 ◆◆◆◆◆◆◆

运动负荷即运动量。怎样控制运动量，合适的运动时间是多少等，一直是人们争论不休的问题。但有一点是可以肯定的，那就是任何有关身体活动的意见和建议，都需要综合考虑锻炼者的身体状况和所要达到的目标，并以此为依据来制订科学的身体锻炼计划。

运动强度

在运动过程中，运动强度过小，则无法达到锻炼的效果；运动强度过大，不仅达不到最佳的锻炼效果，还可能产生一些副作用，甚至出现意外事故。确定运动强度有两种方法，即心率简易推测法和主观感觉疲劳分级表推测法。

心率简易推测法

（1）年龄在 20 岁左右的年轻人，身体健康，能坚持体育锻炼，欲进一步提高身体机能，可取最大心率值（最大心率值 =220－年龄）的 65%～85%。

（2）年龄在 45 岁以下，身体基本健康，有运动习惯者，开始进行健身锻炼，可取最大心率值的 65%～80%，没有运动习惯者，开始进行健身锻炼，可取最大心率值的 60%～75%。

（3）年龄在 45 岁以上，身体基本健康，有运动习惯者，开始进行健身锻炼，可取最大心率值的 60%～75%，没有运动习惯者，建议根据自身情况咨询专业人员来指导和确定运动强度。

主观感觉疲劳分级表推测法　　见表2-1-2

运动的疲劳程度大致分为 10 级，具体为：0～1 级，没感觉；2～3 级，尚轻松；4～5 级，稍累；6～7 级，累；8～9 级，很累；10 级，精疲力竭。因此，健身锻炼的运动强度应控制在主观感觉疲劳程度的 4～7 级。

表 2-1-2　　主观感觉疲劳分级表

0 没感觉	·	2 尚轻松	·	4 稍累	·	6 累	·	8 很累	·	10 精疲力竭

运动频率

运动频率是指每日及每周锻炼的次数。一般每周锻炼 3～4 次，即隔日锻炼 1 次即可。有充足的休息时间，可使机体得到充分的休息，收到更好的锻炼效果。

运动持续时间

运动强度和运动持续时间，决定了一次锻炼的运动量和热量消耗。运动持续时间与运动强度成反比，运动强度大，运动持续时间可相应缩短，运动强度小，则运动持续时间应相应延长。

一般的健身锻炼，运动持续时间以每天 20～60 分钟为宜，其中包括准备活动时间、健身锻炼时间和整理活动时间。每次健身锻炼应在 20 分钟以上，锻炼可一次性完成，也可分段进行，但每段的活动时间应在 10 分钟以上。

第二节

运动价值

运动价值是人们一直在探讨的问题。一般认为，运动具有两方面的价值，即健身价值和心理价值。身体和精神的健康是相互依存的，伴随着身体功能的改善，精神状况也能同时得到改善。

健身价值

健身价值在于提高体适能。体适能包括心肺耐力素质、肌肉力量素质、柔韧性素质和身体成分等。体适能的发展是积极从事锻炼的结果，只有规律性的体育锻炼才能达到最佳的体适能。

提高心肺耐力素质

心肺耐力是指全身肌肉进行长时间运动的持久能力，是体内心肺系统对身体各细胞的供氧能力。人体的心脏、肺、血管、血液等组织的功能是心肺耐力的基础，它们与氧气和营养物质的输送以及代谢物的清除有关。健全的心肺功能是健康的基本保证。

系统的体育锻炼，可以使心肌增厚，收缩力加强，心室容积增大，从而使心脏的泵血功能增强，表现为心血输出量增加。

系统的体育锻炼，呼吸系统机能也将得到提高，表现为呼吸肌的力量增强，肺活量、肺通气量明显增加，保证对机体供氧的能力。

系统的体育锻炼，可以促进血管系统的形态、机能和调节能力产生良好的适应力，从而提高机体的工作能力。

系统的体育锻炼，可以使血液系统产生某些适应性变化，如血容量增加、血黏度下降、红细胞膜弹性增强和红细胞变形能力增强等。

提高肌肉力量素质

肌肉力量是指肌肉最大收缩产生的对抗阻力或负荷的能力。肌肉力量只有达到一定的程度，才能克服外界阻力，而克服外界阻力是维持日常生活自理、从事各种劳动和运动的必要前提。

系统的体育锻炼，可以提高肌肉的生理横断面积，可以改善神经系统对肌肉收缩的支配功能，还可以提高肌肉内代谢物质的储备量，使肌肉力量得到提高。

提高柔韧性素质

柔韧性是指人体各关节的活动幅度，即关节的肌肉、肌腱和韧带等软组织的伸展能力。柔韧性对于保证正常生活质量、维持正常体态、预防损伤发生和减轻损伤程度等方面均起到至关重要的作用。

系统的体育锻炼，还可以延缓因年龄因素而导致的柔韧性下降，预防因缺乏运动而导致的关节结构、周围软组织和膝关节肌肉退化，从而使锻炼者的日常生活、劳动和运动等更加充满活力。

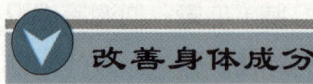

改善身体成分

身体成分是指人体体重中的脂肪组织和去脂组织的重量百分比。身体成分中的脂肪成分增加，肌肉成分必然下降。身体中不具备收缩功能的脂肪组织增加，必然导致身体进行各种活动的能力下降，基础代谢水平降低，肥胖症、冠心病、高血压、糖尿病、高血脂等慢性疾病发病率的提高。因此，身体成分是保证人体健康的重要内容之一。

通过系统的体育锻炼，随着锻炼者体质的增强，热量消耗便随之增加，进而燃烧掉体内多余的脂肪，使身体成分得到改善。而身体成分的改善，又可以减少体重对关节可能带来的不利影响，还可以使肥胖者的心理状况得到改善，增强其自信心，使其逐步建立起健康的生活方式。

心理价值

研究证明，有规律的体育锻炼不但可以使锻炼者增强体质、促进身体健康、预防一些慢性疾病，还可以提高锻炼者的生活满意度和生活质量，对其心理健康产生积极影响。

体育锻炼的心理健康效应主要表现在六个方面：

改善情绪状态

短期效应

研究发现，体育锻炼对人的情绪状态具有显著的短期效应。运动后人们的焦虑、抑郁、紧张和心理紊乱等症状会明显减轻，而精力和愉快程度则明显增强。而且这种情绪的迅速变化，与锻炼者个体的健康状况、活动形式和活动强度等有着直接的联系。

 长期效应

体育锻炼对人情绪的长期效应有着直接的影响，与不锻炼者相比，有规律的锻炼者在较长时期内很少会产生焦虑、抑郁、紧张和心理紊乱等情绪。

完善个性行为特征　见表 2-2-1

人们的行为特征一般可以分为两种类型，用 A 型行为特征和 B 型行为特征来表示。A 型行为特征主要表现为性情急躁、争强好胜、容易激动、整天忙碌和做事效率高等。B 型行为特征主要表现为不好竞争、不易紧张、不赶时间、对人随和、喜欢自由自在等。具有 A 型行为特征的人由于过度紧张的情绪反应，会引起内分泌失调，增加心脏病发病的概率。目前的一些研究主要集中在体育锻炼对改变 A 型行为特征的作用方面。研究结果表明，有规律的体育锻炼能明显改变 A 型行为特征。

表 2-2-1　A、B 型个性行为特征常见表现

A 型行为特征者常见表现	B 型行为特征者常见表现
约会从来不迟到	对约会很随便
竞争意识很强	竞争意识不强
别人要讲话时总爱抢先或插话	是别人讲话时很好的听众
总是匆匆忙忙	即使有压力也从不匆忙
等待时缺乏耐心	能够耐心等待
干事时全力以赴	处事漫不经心
同时想干很多事	在一段时间里只干一件事情
讲话喜欢用加强语气,甚至敲桌子	讲话语速缓慢、不慌不忙
做了好事希望能得到别人的认可	只要自己满意即可,不管别人怎样想
吃饭、走路都很快	做事情很慢
不善与人相处	为人随和
容易暴露自己的感情	能控制自己的感情
具有广泛的兴趣	没什么业余爱好
雄心壮志	满足于目前的工作和学习状况

运动价值

确立良好自我概念

自我概念是指个体对自己身体、思想和情感的主观整体评价，它由许多自我认识组成，包括我是什么人、我主张什么和我喜欢什么等。

坚持体育锻炼，可以使锻炼者体格强健、精力充沛、提高驾驭身体的能力，从而改善对自身的满意程度，确立良好的自我概念。

改变睡眠模式

根据脑电图的显示，人的睡眠可以分为两种状态，即慢波睡眠状态和快波睡眠状态。前者为浅度睡眠状态，后者为深度睡眠状态。一夜之间两种睡眠状态会交替发生 4～5 次。

有规律的体育锻炼不仅对慢波睡眠有促进作用，而且能缩短入眠的潜伏期，并延长睡眠的时间。

改善认知能力

体育锻炼还能改善人的认知过程，避免反应时间过长、注意力不集中和思维混乱等症状的发生，尤其对老年人的认知能力改善效果更为明显。

增加心理治疗效应

体育锻炼被公认为是一种心理治疗的好方法。目前人群中常见的心理疾患是抑郁症和焦虑症。研究发现，体育锻炼是治疗抑郁症的有效手段之一，抑郁症患者经过有规律的体育锻炼，抑郁症状能明显减轻。

体育锻炼还具有治疗焦虑症的作用，通过有规律的体育锻炼，可以使锻炼者的焦虑症状明显改善。

第三节 运动保护

　　在运动过程中，人体机能会随时发生变化。因此，应针对这种机能变化的特点来进行体育锻炼，也就是我们所说的运动保护。运动保护一般包括运动前准备、运动后放松和自我养护三个方面。

 运动前准备 ◆◆◆◆◆◆◆

　　准备活动是指在正式运动之前进行的有目的的身体练习。做好充分的准备活动，可以缩短机体进入最佳状态的时间，同时还可以预防运动损伤的发生，为机体发挥最大的工作效率做好功能上的准备。

准备活动的作用

❁ 提高中枢神经系统兴奋状态

　　(1)使大脑反应速度加快，参加活动的运动中枢神经相互协调。
　　(2)为正式运动时生理机能达到适宜程度提前做好准备。

❁ 提高机体代谢水平

　　(1)准备活动可以使锻炼者体温升高，降低肌肉黏滞性，使肌肉的伸展性、柔韧性和弹性增强，从而有效预防运动损伤的发生。
　　(2)准备活动可以增强体内代谢酶的活性，使物质代谢水平提高，以保证运动时有较充分的能量供应。

❁ 克服内脏器官生理惰性

　　(1)准备活动可以提高心血管系统和呼吸系统的机能水平，使肺通气量及心血输出量增加。
　　(2)可以使心肌和骨骼肌的毛细血管扩张，使其工作肌获得更多的氧，从而克服内脏器官的生理惰性，使之尽快达到最佳状态。

增加皮肤毛细血管血流量

准备活动可以使皮肤毛细血管的血流量增加，运动后毛细血管扩张，有利于散热，降低体温，有效防止开始正式活动时由于体温过高而影响运动能力。

准备活动要求

准备活动时间

（1）准备活动的时间可以根据运动项目的具体情况确定，一般以10～30分钟为宜。

（2）准备活动与正式运动的间隔时间，一般以不超过15分钟为宜，可以在做完准备活动后立刻进行正式运动。

准备活动强度

（1）准备活动的强度和量应较正式运动小，以免引起不必要的疲劳。

（2）准备活动的量可以由心率来决定，心率以100～120次／分为宜。

准备活动内容

一般性准备活动

一般性准备活动的内容多以伸展运动开始，然后进行一般性的跑步、徒手体操等活动。

下面介绍一套常用的一般性准备活动操，供锻炼者运动前使用。这套活动操主要包括头部运动、肩部运动、扩胸运动、体侧运动、体转运动、髋部运动和踢腿运动等。

图 2-3-1

头部运动

头部运动的动作方法（见图 2-3-1）：两手叉腰，两脚左右开立，做头部向前、向后、向左、向右，以及绕环运动。

肩部运动

肩部运动的动作方法（见图 2-3-2）：手扶肩部，屈臂向前、向后绕环，以及直臂绕环。

图 2-3-2

扩胸运动

扩胸运动的动作方法（见图 2-3-3）：屈臂向后振动及直臂向后振动。

体侧运动

体侧运动的动作方法（见图 2-3-4）：两脚左右开立，一手叉腰，另一臂上举，并随上体向对侧振动。

体转运动

体转运动的动作方法（见图 2-3-5）：两脚左右开立，两臂体前屈，身体向左、向右有节奏地扭转。

髋部运动

髋部运动的动作方法（见图 2-3-6）：两脚左右开立，两手叉腰，髋关节放松，向左、向右 360 度旋转。

图 2-3-3

踢腿运动

踢腿运动的动作方法（见图 2-3-7）：两臂上举后振，同时一腿向后半步，重心置于前腿，两臂下摆后振，同时向前上方踢腿。

图 2-3-4 　　　　　　　　图 2-3-5

图 2-3-6 　　　　　　　　图 2-3-7

专门性准备活动

专门性准备活动的动作方法、节奏和强度等与正式锻炼相似，目的是使人体主要肌群在运动前得到动员，为正式锻炼做好准备。

运动后放松

运动后放松是指运动之后所进行的一些能够加速机体功能恢复的、较轻松的身体活动。与运动前准备活动相反，其目的是使锻炼者的生理机能水平逐步得到恢复。

放松方法

运动性手段

（1）运动结束后，锻炼者可采用变换运动部位的方法来消除疲劳，如上肢出现疲劳时可做一些慢跑运动，下肢出现疲劳时可做一些上肢运动。

（2）转换运动类型也是一种不错的放松方法，如打羽毛球出现疲劳时，可从事瑜伽运动来达到放松的目的。

（3）还可以用调整运动强度的方法来缓解疲劳，如可以在放松过程中，采用小强度的轻微运动方法等。

整理活动 见图 2-3-8

（1）整理活动是指运动后所做的一些能够加速机体功能恢复的身体活动，如剧烈运动后进行 3～5 分钟慢跑或其他整理活动，使身体机能得以恢复。

（2）剧烈运动后如不做整理活动而骤然停止动作，会影响氧气的补充和静脉血的回流，使机体血压降低，引起不良反应。

图 2—3—8

（1）在进行整理活动时动作应缓慢、放松，运动量不要过大，否则会引起新的疲劳。

（2）在进行整理活动时，应当保持心情舒畅、精神愉快。

锻炼后，锻炼者感觉身体疲劳是一种正常的生理现象，是体育锻炼过程中的正常反应，随着体育锻炼时间的延长，疲劳症状会自然消失。运动性疲劳出现后，锻炼者如果采用一些自我养护措施，可以加速身体机能的恢复，尽快消除疲劳，提高锻炼效果。常见的自我养护方法主要包括运动后休息、合理营养和物理手段等三种。

静止性休息　见图 2—3—9

（1）静止性休息是指锻炼者运动后保持机体相对的静止状态，以促进身体机能的恢复，尽快消除疲劳。

（2）静止性休息的最佳方式之一是睡眠，特别是刚开始从事锻炼

运动保健

者，身体不适应或疲劳症状明显时，更应该保证足够的睡眠，否则，锻炼者虽然积极参加了体育锻炼，但收效甚微，甚至会导致过度疲劳症状的发生。

（3）静止性休息更适合于消除全身运动导致的整体疲劳症状。

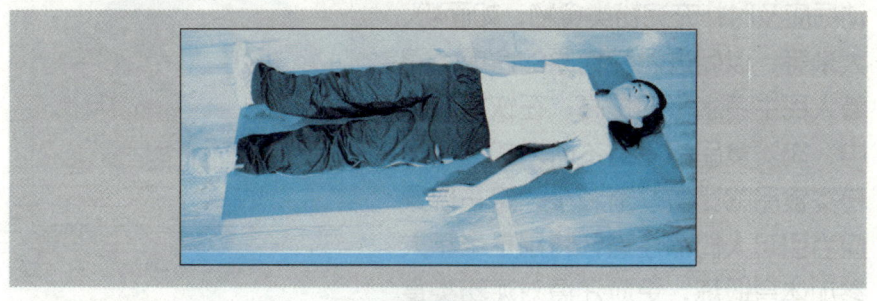

图 2-3-9

 积极性休息 见图 2-3-10

（1）积极性休息更适合由于少量肌肉群参与工作而导致的局部疲劳，或运动强度较大而导致的快速疲劳。

（2）积极性休息可以加速血液循环，有利于代谢物排出体外，对促进身体机能的恢复具有明显的效果。

图 2-3-10

 见图 2-3-11

图 2-3-11

小强度、长时间的运动形式，主要是靠糖原的有氧代谢提供能量。运动后应及时补充淀粉类食物，如面粉、大米等，以促进消耗糖原的合成。随着人民生活水平的提高，在饮食结构中，肉类食品的比重不断增加，而淀粉类食品的比重逐渐减少，这一现象应当引起人们的注意，特别是老年人参加体育锻炼，更应注意对淀粉类食物的补充。

强度较大、时间又相对较长的运动形式，主要是靠糖原的无氧代谢提供能量。这样，糖原无氧代谢产物——乳酸便会在体内大量堆积。因此，运动后应多补充蔬菜、水果等碱性食品，以加速乳酸的清除，达到尽快消除疲劳的目的。

▼ 物理手段

 按摩及牵拉 见图 2-3-12

（1）通过刺激神经末梢、皮肤结缔组织和毛细血管的按摩方法，可以使紧张的肌肉得以放松，从而改善局部组织和全身的血液循环，达到促进身体机能恢复的目的，这种方法可以在锻炼后马上进行。

（2）此外，还可以采取缓慢牵拉肌肉的方法，使收缩的肌肉得到充分的伸展放松。

 水疗及电疗

（1）水疗包括芬兰式蒸汽浴、热水浴和桑拿浴等多种形式，主要作用是通过提高体温，促进血液循环，清除代谢物，以达到尽快消除疲劳、恢复体力的目的。

（2）水疗的时间一般以不超过 30 分钟为宜，如果时间过长，会进一步消耗体力，严重时甚至会出现暂时性脑缺血现象。

（3）如果条件允许，还可对疲劳的肌肉进行低频治疗。低频治疗仪的原理是模拟针灸疗法，使用时将电极用不干胶对称地粘贴在运动部位表皮上。这种疗法可以促进局部血液循环，改善组织代谢，缓解肌肉酸痛，消除疲劳。

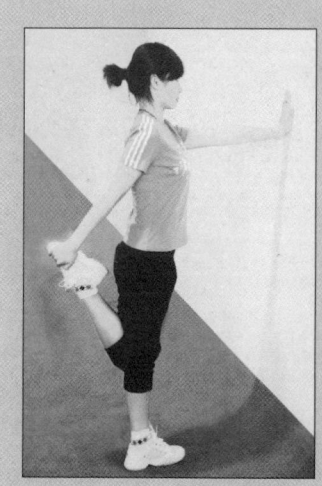

图 2-3-12

第三章 基本技术

　　了解花样滑冰运动的基本技术动作,是进行该项运动的必备条件。只有掌握了花样滑冰运动的基本技术动作,才能将花样滑冰运动进行得更好、更完美。基本技术包括滑行、步法、急停、跳跃和旋转等。

第一节

滑行

　　滑行的基本动作包括站立、单脚交替蹬冰双脚滑行、单脚交替蹬冰单脚滑行、单脚蹬冰双脚弧线滑行、单脚蹬冰单脚弧线滑行、前交叉步滑行、向后双脚滑行、单脚蹬冰单脚向后滑行、单脚蹬冰双脚向后弧线滑行、单脚蹬冰单脚向后弧线滑行、向后交叉步滑行、单脚前外刃半圆形弧线滑行、前内刃半圆形弧线滑行、后外刃半圆形弧线滑行和后内刃半圆形弧线滑行等。

 **站立**

　　站立的动作方法（见图 3-1-1）是：

　　（1）两脚略分离，与肩同宽，两腿略屈，两臂在体侧自然控制身体平衡；

　　（2）目视正前方，用两脚内刃支撑身体。

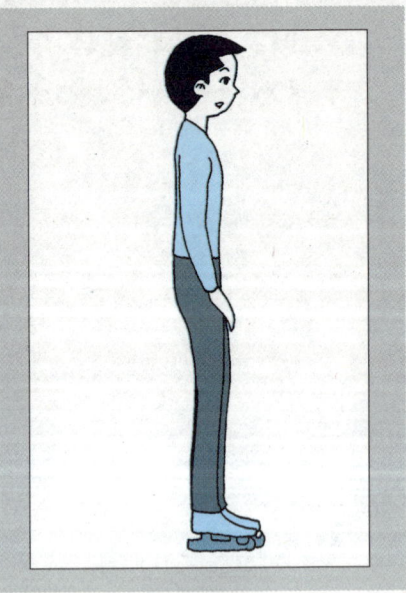

图 3-1-1

 **单脚交替蹬冰双脚滑行**

　　单脚交替蹬冰双脚滑行的动作方法（见图 3-1-2）是：

　　（1）上体保持直立，目视正前方，两臂向侧前方自然伸展，协助掌握身体平衡；

（2）双脚略分开，与肩同宽，平行站立；

（3）蹬冰时双膝略屈，用一只脚的冰刀前内刃向侧后方蹬冰，完成动作后迅速回原位；

（4）用另一只脚内刃蹬冰，做同样的向前滑行动作，两脚交替进行，直至熟练。

图 3-1-2

单脚交替蹬冰单脚滑行的动作方法（见图 3-1-3）是：

（1）在较熟练地掌握了单脚交替蹬冰双脚滑行的动作基础上，以同样的动作进行蹬冰；

（2）将蹬冰脚抬离冰面，重心移到滑行脚，蹬冰脚保持在身后，协助掌握平衡。

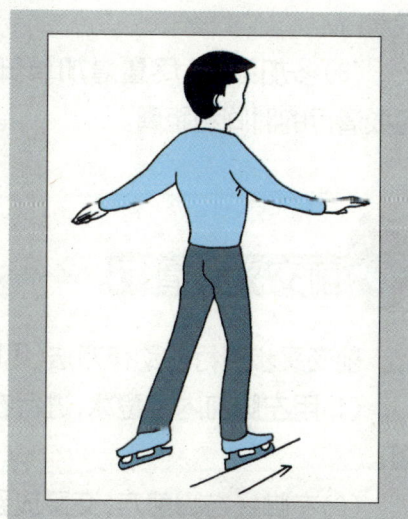

图 3-1-3

单脚蹬冰双脚弧线滑行

单脚蹬冰双脚弧线滑行的动作方法是：

（1）双脚平行站立，用右脚前内刃蹬冰，迅速回到左脚内侧；

（2）身体略向左倾斜，左肩略向后移，左脚用前外刃，右脚用前内刃，形成双脚平行向左转弯的弧线滑行；

（3）用同样方法、相反姿势，进行左脚蹬冰双脚向右弧线滑行。

单脚蹬冰单脚弧线滑行

单脚蹬冰单脚弧线滑行的动作方法（见图 3-1-4）是：

（1）双脚平行站立，用右脚前内刃蹬冰，将身体重心完全移到左脚前外刃，身体略向左倾斜，左肩向后移，做左脚前外刃弧线滑行；

（2）用同样方法、相反姿势，进行左脚前内刃蹬冰、右脚前外刃弧线滑行；

（3）多加练习，尽量增加单脚弧线滑行的时间和距离。

图 3-1-4

前交叉步滑行

前交叉步滑行的动作方法（见图 3-1-5）是：

（1）用左脚前内刃蹬冰，进行右脚前外刃弧线滑行，身体重心在右脚；

（2）左脚经右脚前方，交叉放到右脚外刃的前外侧，同时右脚用前

外刃向侧后方蹬冰,用左脚前内刃滑行,此时两腿呈交叉状,形成左脚前内刃、右脚前外刃的前交叉步弧线滑行;

（3）用同样方法、相反姿势,进行右脚前内刃蹬冰、左脚前外刃的前交叉步滑行。

图 3-1-5

 向后双脚滑行

向后双脚滑行的动作方法（见图 3-1-6）是：

（1）上体略向前倾,其他要求同向前滑行;

（2）先练习"葫芦"形向后滑行,双脚平行站立,脚尖靠近、脚跟分开,用两脚内刃均匀蹬冰,进行双脚后内刃滑行;

（3）滑行较短距离后,双脚跟内收,脚尖分开,恢复原来姿势,反复滑行,形成"葫芦"形滑行曲线;

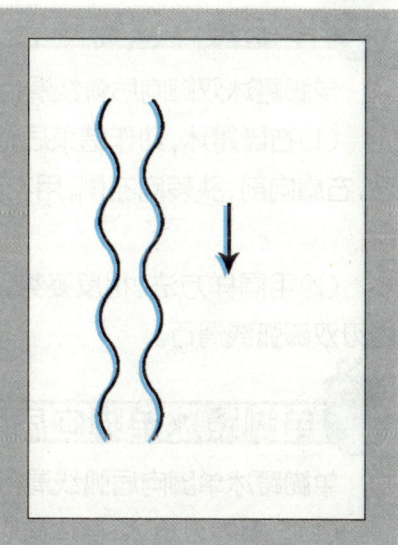

(4)掌握以上动作后,用一只脚后内刃蹬冰,另一只脚平行滑行,两脚交替,反复进行,形成右脚后内刃蹬冰、双脚向后滑行或左脚后内刃蹬冰、双脚向后滑行,也称蛇形曲线向后滑行。

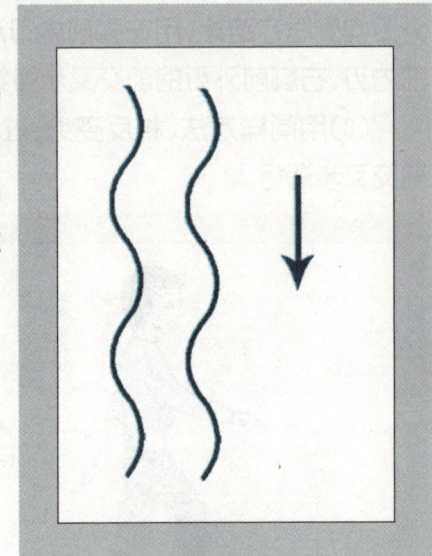

图 3—1—6

 单脚蹬冰单脚向后滑行 ◆◆◆◆◆◆◆◆◆◆

单脚蹬冰单脚向后滑行的动作方法是:

(1)姿势同向后双脚滑行;

(2)蹬冰后立即将脚抬离冰面,重心移至滑腿,形成单脚向后滑行。

单脚蹬冰双脚向后弧线滑行 ◆◆◆◆◆◆◆◆

单脚蹬冰双脚向后弧线滑行的动作方法是:

(1)右脚蹬冰,动作结束后,双脚平行站立,身体略向左倾,左肩向后,右肩向前,头转向左侧,用左脚后外刃和右脚后内刃做双脚弧线滑行;

(2)用同样方法、相反姿势,进行左脚蹬冰、右脚后外刃和左脚后内刃双脚弧线滑行。

 单脚蹬冰单脚向后弧线滑行 ◆◆◆◆◆◆◆◆

单脚蹬冰单脚向后弧线滑行的动作方法是:

(1)右脚内刃蹬冰,身体重心移至滑行的左脚,滑脚要踩在冰刀后

外刃上;

（2）右脚变为浮脚离开冰面,放在身体前方滑线上,再回到滑脚内侧做下一次蹬冰和滑行;

（3）用同样方法、相反姿势,进行左脚后内刃蹬冰和右脚后外刃滑行的单脚弧线滑行,要求两个方向滑行的技术水平相同;

（4）练习滑行动作时,要用双臂和浮脚协助调整身体平衡;

（5）开始练习时,身体向左或向右的倾斜不应太大,待技术比较熟练后,再加大滑行速度和倾斜角度,并逐渐延长单脚滑行的时间与距离。

向后交叉步滑行

向后交叉步滑行的动作方法(见图 3-1-7)是:

（1）双脚平行站立,双膝深屈,右肩向后,左肩向前,头部转向右侧方;

（2）用左脚后内刃向侧方蹬冰,右脚后外刃单脚滑行;

（3）左脚经右脚前方移至其前外侧,同时用右脚外刃向右侧方做蹬冰动作,进行左脚后内刃单脚弧线滑行,此时两腿呈交叉状;

（4）交替蹬冰和滑行,进行左脚后内刃蹬冰、右脚后外刃滑行和右脚后外刃蹬冰、左脚后内刃滑行的后交叉步滑行;

（5）用同样方法、相反姿势,进行右脚后内刃蹬冰、左脚后外刃滑行和左脚后外刃蹬冰、右脚后内刃滑行的向后交叉步滑行练习;

（6）在练习后交叉步滑行时,上体应尽可能直立或略向前倾, 蹬冰腿一定要充分伸直, 滑行腿要深屈,

形成两腿曲直鲜明的交叉步动作。

图 3-1-7

 单脚前外刃半圆形弧线滑行 ◆◆◆◆◆◆

单脚前外刃半圆形弧线滑行的动作方法（见图 3-1-8）是：

（1）双脚呈"丁"字形站立，右脚尖向前，脚跟对左脚心，右肩在前，左肩在后，上体转向欲滑行的圆外；

（2）左脚内刃做一次蹬冰，身体略向圆内倾斜，用右脚前外刃滑行；

（3）滑行中两肩对称转动，滑到弧线一半，即四分之一圆时，两臂平放体侧，浮脚由远离滑脚向滑脚后内侧靠拢；

（4）上体继续匀速转动，左肩向前，右肩向后，浮脚经滑脚内侧匀速向前移动，为左脚前外刃半圆形弧线滑行做准备；

（5）用同样方法、相反姿势，左脚前外刃半圆形弧线滑行。

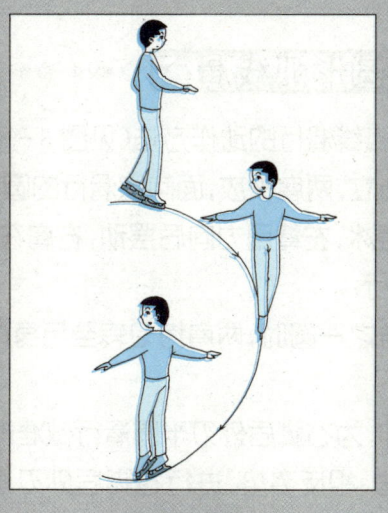

图 3-1-8

前内刃半圆形弧线滑行

前内刃半圆形弧线滑行的动作方法(见图 3-1-9)是：

（1）双脚呈"丁"字形站立,右脚尖向前,脚跟对左脚心,上体直立,左肩向前,右肩向后,面向欲滑行的圆内；

（2）左脚蹬冰,进行右脚前内刃弧线滑行；

（3）滑到四分之一圆时,两臂平放体侧,浮脚靠近滑脚后内侧；

（4）上体继续匀速转动,右肩向前,左肩向后,浮脚由滑脚内侧伸向前方滑线之上,为左脚前内刃半圆弧线滑行做准备；

（5）用同样方法、相反姿势,进行左脚前内刃半圆形弧线滑行。

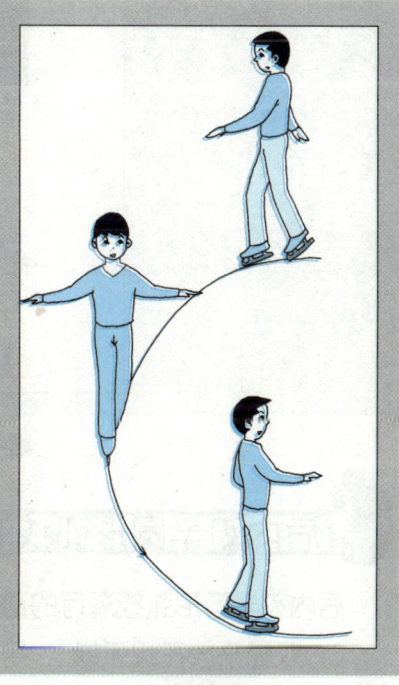

图 3-1-9

后外刃半圆形弧线滑行

后外刃半圆形弧线滑行的动作方法(见图 3-1-10)是：

(1)双脚平行站立,两肩平放,面向欲滑行的圆内,上体略向右转；

(2)右脚内刃蹬冰,左臂用力向后摆动,右肩在前,浮脚在前,进行左脚后外刃弧线滑行；

(3)滑行至四分之一圆时,两肩均匀转至与身体平行,浮脚靠近滑脚内侧,面朝圆内；

(4)浮脚向后伸,为右脚后外刃半圆滑行做准备；

(5)用同样方法、相反姿势,进行右脚后外刃半圆形弧线滑行,蹬冰前应迅速将头部转向右后外圆。

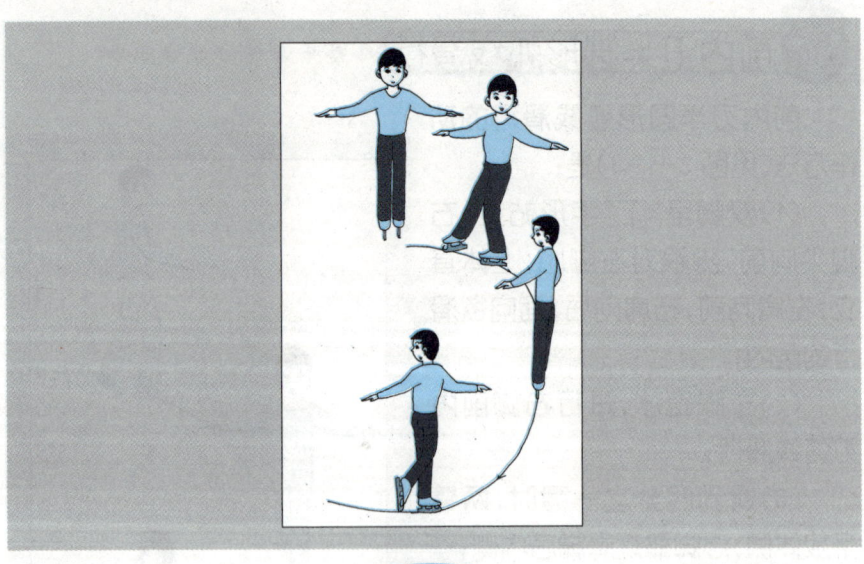

图 3-1-10

后内刃半圆形弧线滑行

后内刃半圆形弧线滑行的动作方法(见图 3-1-11)是：

(1)双脚平放在圆弧线上,与弧线垂直,身体背向预滑行的圆；

(2)两肩略向左转,右肩用力迅速向后摆动,左脚内刃蹬冰,右脚内刃做单脚弧线滑行；

（3）左肩在前，右肩在后，面向圆外，浮脚在身前滑线之上；

（4）滑至四分之一圆时，两肩均匀转至与身体平行，面部转向圆内，浮脚靠近滑脚前内侧；

（5）两肩继续匀速转动，左肩向后，右肩向前，浮脚向后伸展在滑线之上，为左脚后内刃半圆滑行做准备；

（6）用同样方法、相反姿势，进行左脚后内刃半圆形弧线滑行。

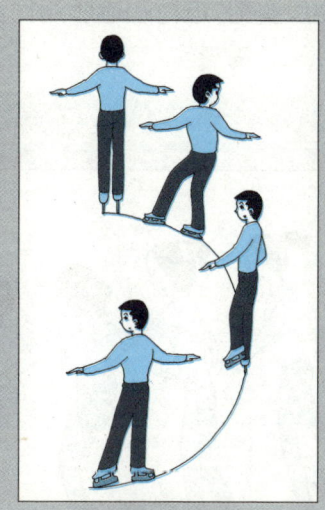

图 3-1-11

第二节

步法

花样滑冰的步法是将许多滑行技术有效地连接起来的一种形式和方法，包括前压步、前外曲线步、前内曲线步、后压步、燕式平衡、"3"字步、换脚"3"字步、双"3"字步、括弧步、外勾手步和内勾手步等。

前压步的动作方法（见图 3-2-1）是：

（1）右脚用内刃蹬冰，左脚用外刃滑出并屈膝，身体略向左转，左臂在侧后，右臂在前，面向滑行方向；

（2）左脚用外刃向右侧蹬冰，右脚由后移到左脚前，用内刃着冰滑行；

（3）左脚伸直，在右脚外侧离开冰面收回，用外刃靠近右脚内侧着冰，同时右脚蹬冰；

（4）用同样方法、相反姿势，进行右压步滑行。

图 3-2-1

 **前外曲线步** ◆◆◆◆◆◆◆◆

前外曲线步的动作方法（见图 3-2-2）是：

（1）右臂在前，左臂在后，左脚内刃蹬冰，用右脚外刃向前滑一大曲线，滑膝略屈，浮脚在后；

（2）滑行至曲线的一半，浮脚靠近滑脚沿滑线移向前，两臂换位；

（3）换脚时两脚靠近，身体重心略向左移动，右脚内刃蹬冰，左脚外刃滑出；

（4）用同样方法进行反方向滑行。

图 3-2-2

 前内曲线步 ◆◆◆◆◆◆◆◆◆

前内曲线步的动作方法（见图 3-2-3）是：

（1）左臂在前，右臂在后，左脚内刃蹬冰，右脚内刃向前滑出；

（2）浮脚在后放在滑线上，身体略向圆内倾，滑至曲线一半，浮脚靠近滑脚前移，两臂换位；

（3）换脚时两脚靠近，右脚蹬冰，左脚内刃滑出；

（4）用同样方法进行反方向滑行。

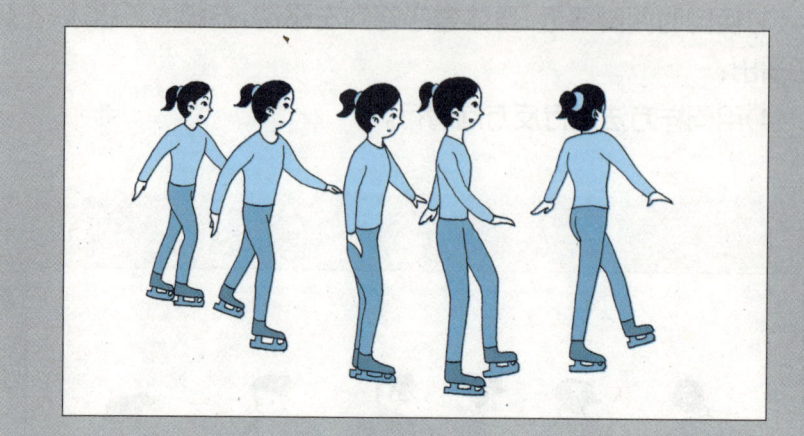

图 3-2-3

 后压步

后压步的动作方法（见图 3-2-4）是：

（1）两肩向右转，上体朝向圆心，面向右转看滑行方向；

（2）左臂在前，右臂在后，先以左脚内刃蹬冰，上体右倾，以右脚外刃着冰，向右后方滑出；

（3）左脚越过右脚前放至内侧，呈交叉状，两脚同时向后滑行；

（4）右脚外刃向左侧蹬冰，而后离开冰面成为浮脚；

（5）收右腿，右脚在左脚里侧着冰，左脚内刃再蹬冰，重复上述动作；

（6）用同样方法、相反姿势，进行左后压步滑行。

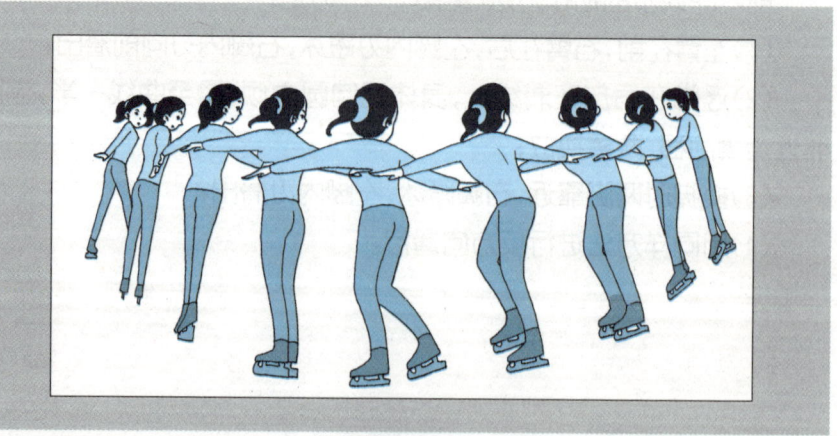

图 3-2-4

 燕式平衡

燕式平衡包括直线前平衡、前外燕式平衡和前内燕式平衡等。

直线前平衡

直线前平衡的动作方法（见图3-2-5）是：

（1）直线前滑，获得一定速度；

（2）两臂侧平举，目视正前方，左（右）脚向后抬起，右（左）脚用双刃立线前滑；

（3）上体前倾，与浮足呈一直线，并与冰面平行。

图3-2-5

前外燕式平衡

前外燕式平衡的动作方法（见图3-2-6）是：

（1）滑右前压少起速，左脚在后逐渐抬起，右臂在前，左臂在侧后，右脚滑前外曲线；

（2）用同样方法做反方向动作。

步法

图 3-2-6

 前内燕式平衡

前内燕式平衡的动作方法(见图 3-2-7)是:

(1)滑左前压步起速,左脚逐渐向后抬起,左臂在前,右臂在后,目视前方,右脚滑前内曲线;

(2)用同样方法做反方向动作。

图 3-2-7

 **"3"字步**

"3"字步,也称"华尔兹步",是一种转体 180 度,并有用刃变化的步法。由于用刃和滑行方向的不同、换脚与不换脚的区别,可将"3"字

步大致分为不换脚"3"字步和换脚"3"字步等。

不换脚"3"字步

❀ 右前外刃、右后内刃"3"字步

右前外刃、右后内刃"3"字步的动作方法（见图3-2-8）是：

（1）两脚丁字步站立，右脚尖向前，脚跟对准左脚心，右肩在前，面向圆外；

（2）用左脚内刃蹬冰，做右前外刃弧线滑行，在滑行中身体逐渐向右转，浮脚向滑脚靠近，当转至右肩在后时，上体带动髋部纵轴顺时针方向转动180度；

（3）滑脚由右前外刃变为右后内刃弧线滑行；

（4）由于身体转动，变为右肩在前，左浮脚伸向后方，以控制身体平衡，左脚在滑线之上。

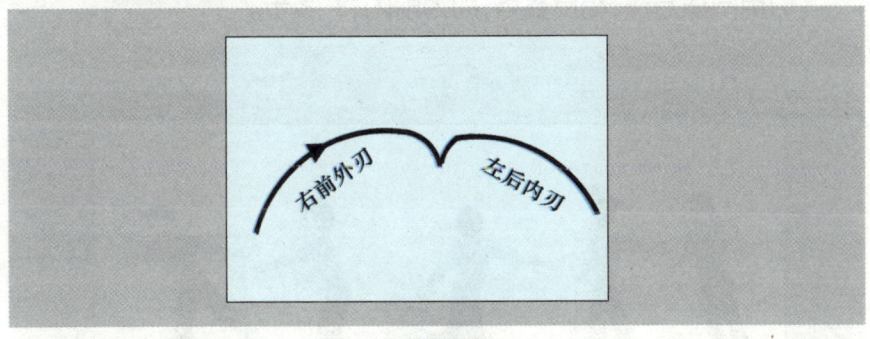

图3-2-8

❀ 左前外刃、左后内刃"3"字步

左前外刃、左后内刃"3"字步的动作方法（见图3-2-9）是：

与右前外刃、右后内刃"3"字步动作相同，方向相反。

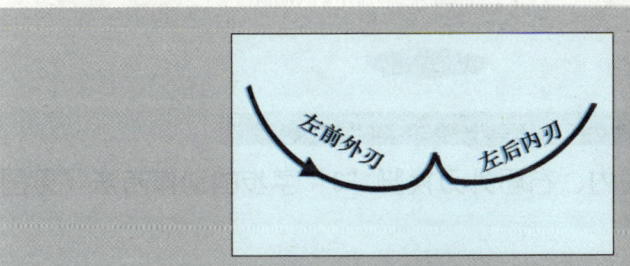

图3-2-9

 换脚"3"字步

右前外、右后内、左后外刃换脚"3"字步的动作方法（见图3-2-10）是：

(1)左脚蹬冰,右脚滑前外曲线,左臂在前,右臂及浮脚在后;

(2)上体向右转,加大曲线的弧度;

(3)右脚脚跟略向右提起,用冰刀的前半部着冰,向右转180度成后滑姿势,滑右后内曲线;

(4)右脚内刃蹬冰,左脚后外刃滑出,上体左转,左臂在后,右臂在前,右脚在滑后远离滑脚;

(5)用同样方法、相反姿势,即为前内"3"字步。

图 3-2-10

左前外、左后内、右后外刃换脚"3"字步的动作方法（见图3-2-11）是：

左前外、左后内刃"3"字步结束时,用左内刃蹬冰,换脚做右后外刃单脚弧线滑行。

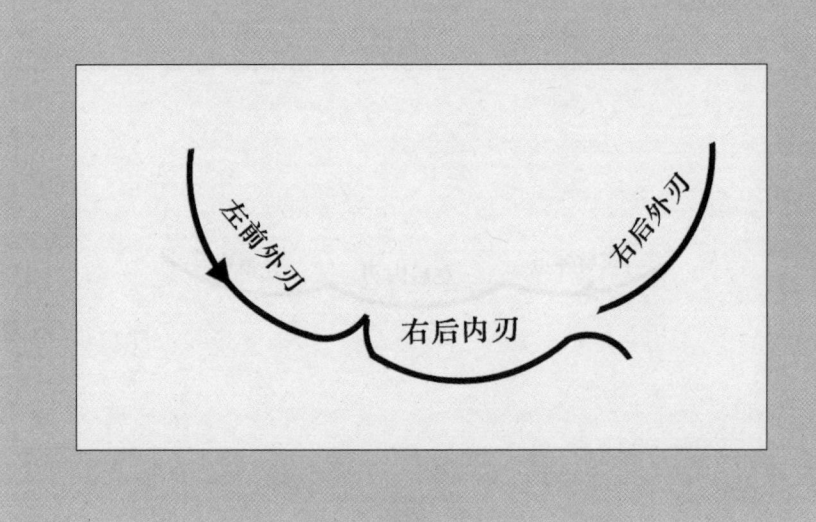

图 3-2-11

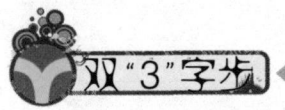

双"3"字步的动作方法（见图 3-2-12）是：

在"3"字步转体的基础上，再做一次 180 度转体（两次转体方向相同），即连续在一只脚上完成两次"3"字转体。

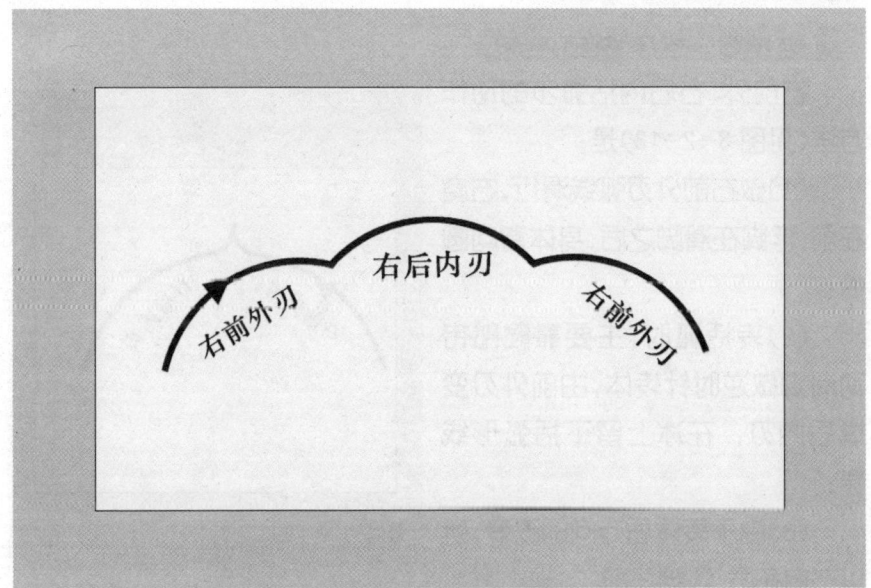

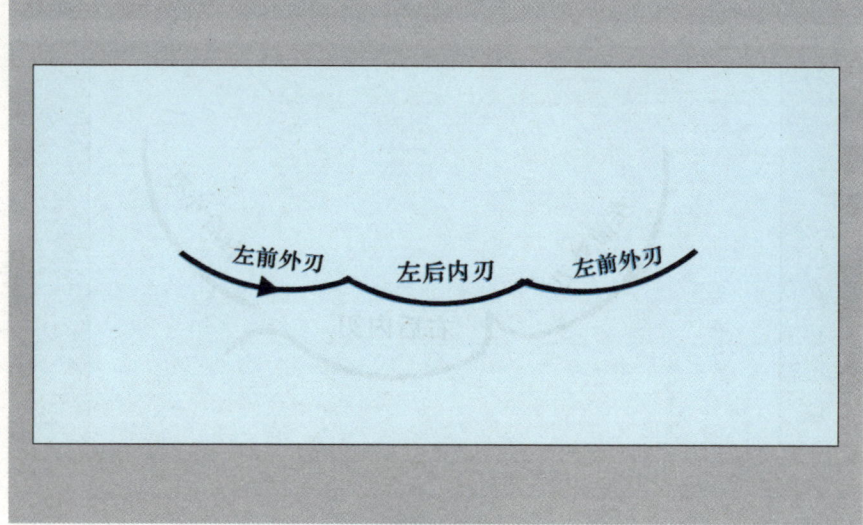

图 3-2-12

括弧步是在同一圆弧上完成转体180度的变刃步法，包括不换脚括弧步和换脚括弧步等。

▼ 不换脚括弧步

❀ 右前外、右后内括弧步

右前外、右后内括弧步的动作方法（见图3-2-13）是：

（1）做右前外刃弧线滑行，右肩在前，浮脚在滑脚之后，身体背向圆内；

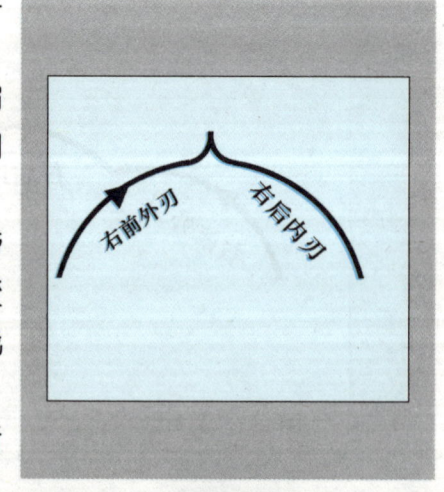

（2）转括弧时，主要靠髋部带动滑脚做逆时针转体，由前外刃变成后内刃，在冰上留下括弧形线痕；

（3）由于转体后方向的改变，所以右肩在后，浮脚在前。

图 3-2-13

左前外、左后内括弧步

左前外、左后内括弧步的动作方法（见图 3-2-14）是：
与右前外、右后内括弧步动作相同，方向相反。

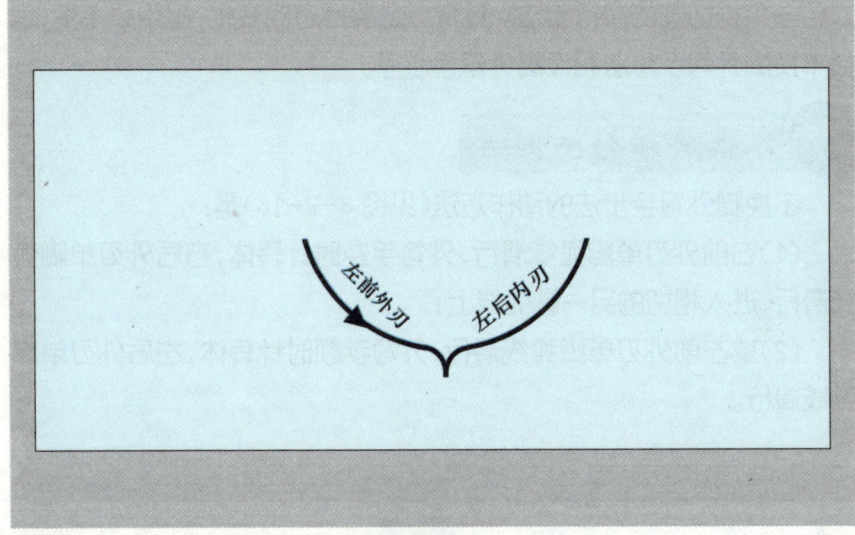

图 3-2-14

换脚括弧步

换脚括弧步的动作方法（见图 3-2-15）是：
与不换脚括弧步的动作相同，只是换脚用刃发生较大变化。

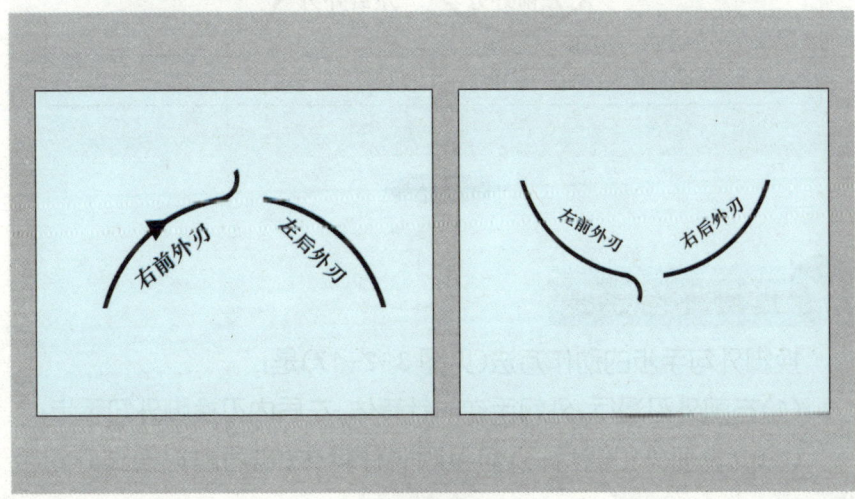

图 3-2-15

 外勾手步

外勾手步是由一个圆,经过外勾手转体(转体方向同括弧步),进入另一个相切圆的滑行步法。其特点是滑行方向变化,但用刃不变,包括不换脚外勾手步法和换脚外勾手步等。

不换脚外勾手步法

不换脚外勾手步法的动作方法(见图3-2-16)是:

(1)右前外刃单脚弧线滑行,外勾手逆时针转体,右后外刃单脚弧线滑行,进入相切的另一圆弧线上;

(2)或左前外刃单脚弧线滑行,外勾手顺时针转体,左后外刃单脚弧线滑行。

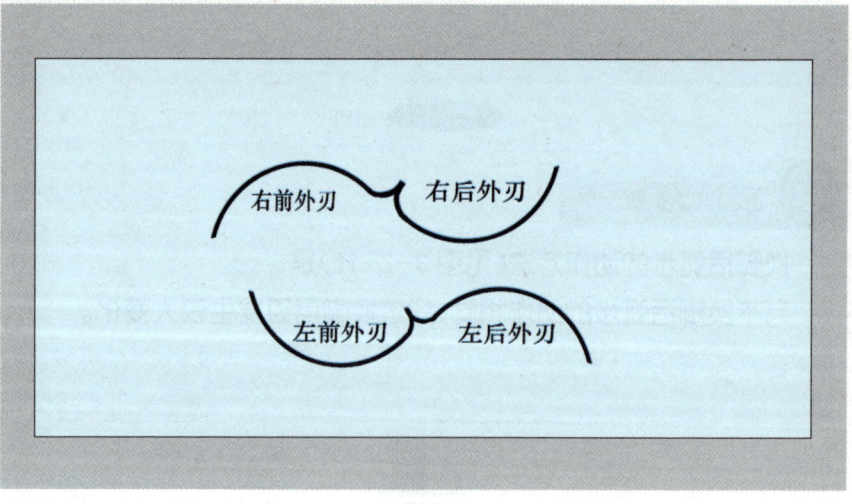

右前外刃　　右后外刃

左前外刃　　左后外刃

图3-2-16

换脚外勾手步

换脚外勾手步的动作方法(见图3-2-17)是:

(1)右前外刃滑行,外勾手逆时针转体,左后内刃换脚外勾手步;

(2)或左前外刃滑行,外勾手顺时针转体,右后内刃换脚外勾手步。

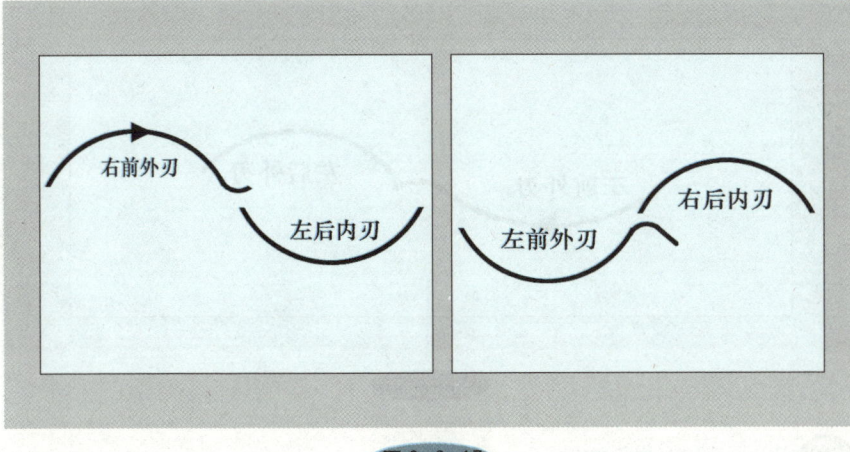

图 3-2-17

内勾手步也是由一个圆经过内勾手转体,进入另一个相切圆的不变刃步法,包括不换脚内勾手步和换脚内勾手步等。

 不换脚内勾手步

不换脚内勾手步的动作方法(见图 3-2-18)是:

(1)右前外刃单脚弧线滑行,内勾手顺时针转体,右后外刃单脚弧线滑行;

(2)或左前外刃单脚弧线滑行,内勾手逆时针转体,左后外刃单脚弧线滑行。

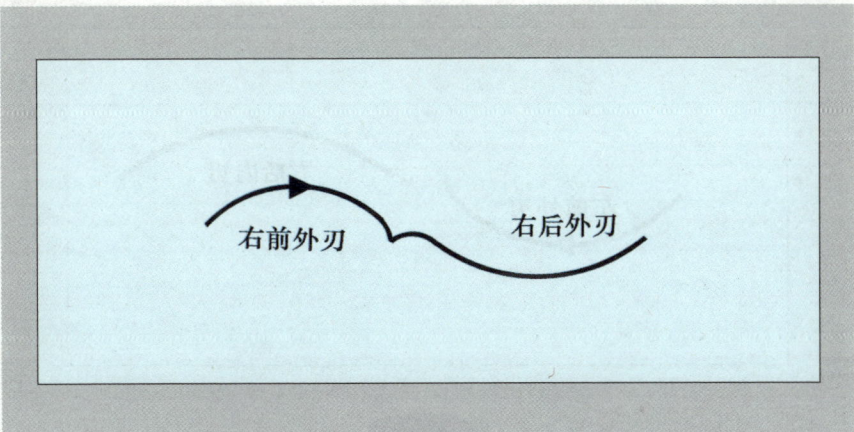

左前外刃
左后外刃

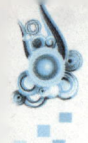

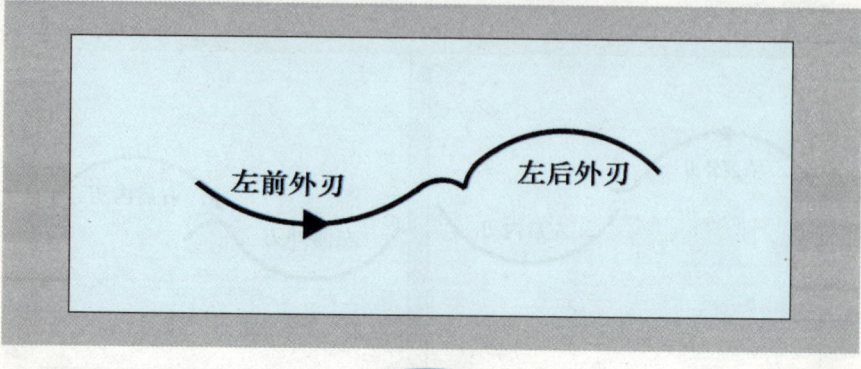

图 3-2-18

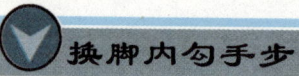

换脚内勾手步

换脚内勾手步的动作方法(见图 3-2-19)是:

由单脚内勾手步经过换脚演变而来,其转体方向同不换脚内勾手步。

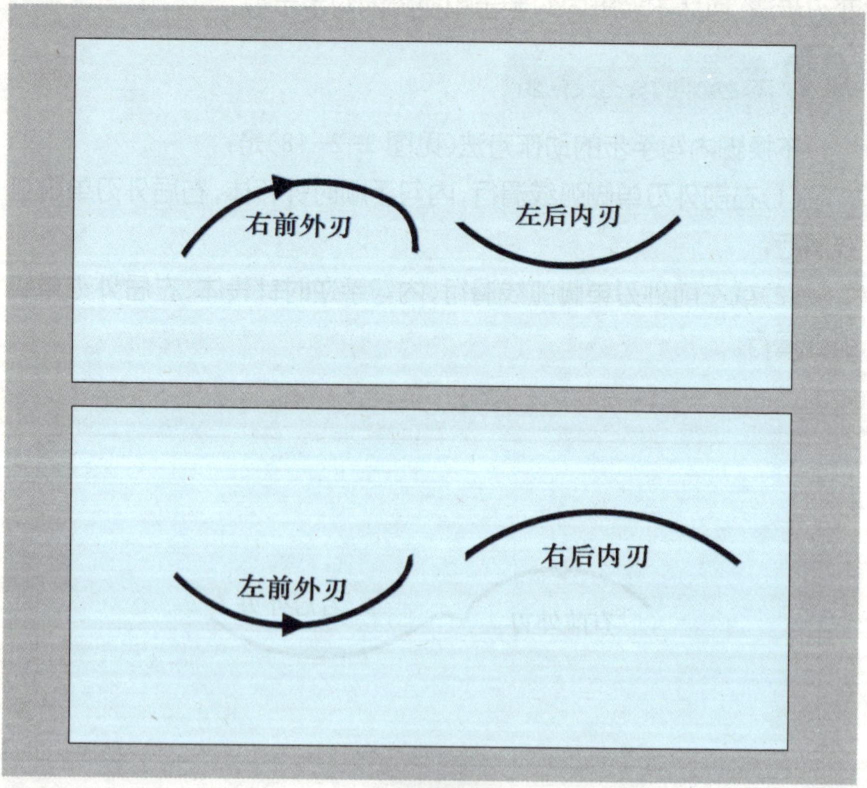

右前外刃
左后内刃
左前外刃
右后内刃

图 3-2-19

急停

急停是在练习或表演中经常使用的动作，包括双脚急停和单脚急停等。

双脚急停 ◆◆◆◆◆◆◆◆

双脚急停包括双脚向前内刃急停、双脚向后内刃急停和双脚向左急停等。

▼ 双脚向前内刃急停

双脚向前内刃急停的动作方法（见图 3-3-1）是：

（1）向前滑行时，突然将两脚尖相对，脚跟分开；

（2）身体向后倾，两腿略屈，两膝相靠，用两脚内刃刮冰，做急停动作。

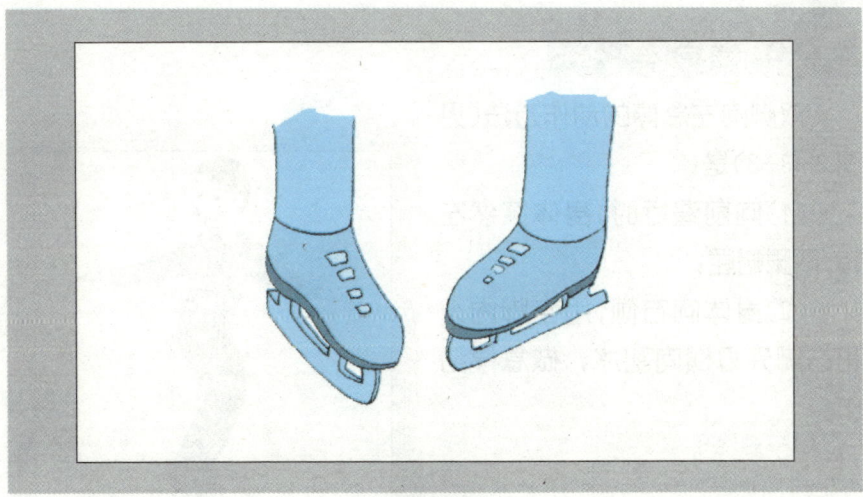

图 3-3-1

双脚向后内刃急停

双脚向后内刃急停的动作方法(见图3-3-2)是:

(1)向后滑行时,突然将两腿分开,脚尖向外展,脚跟向内;

(2)身体向前倾,用两脚内刃刮冰,做急停动作。

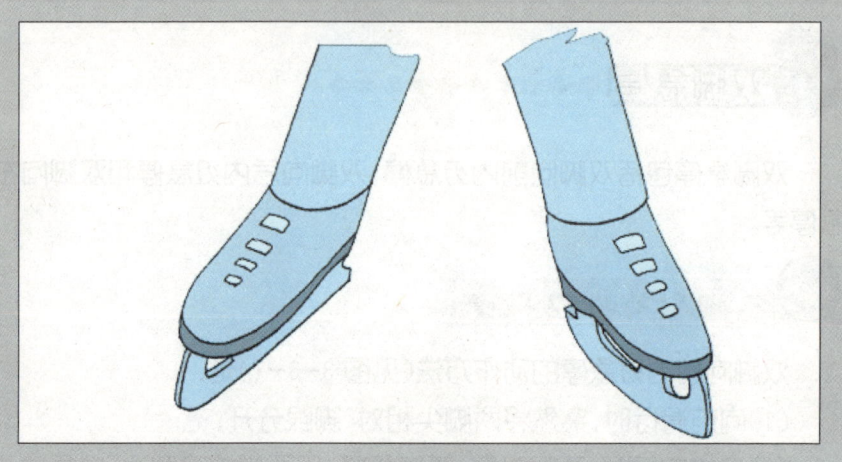

图3-3-2

双脚向左急停

双脚向左急停的动作方法(见图3-3-3)是:

(1)向前滑行时,身体突然左转,两腿略屈;

(2)身体向右倾,用左脚内刃和右脚外刃横向刮冰,做急停动作。

图3-3-3

单脚急停

单脚急停包括单脚向前外刃急停和单脚向前内刃急停等。

 单脚向前外刃急停

单脚向前外刃急停的动作方法（见图3-3-4）是：

（1）向前滑行时，突然用右脚外刃横向刮冰；

（2）身体向后倾，左脚抬离冰面，放至右脚跟后方。

图3-3-4

单脚向前内刃急停

单脚向前内刃急停的动作方法（见图3-3-5）是：

（1）向前滑行时，突然用左脚内刃向前横向刮冰；

（2）身体后倾，右脚抬离冰面，放至左脚内侧。

图3-3-5

急停

057

第四节

跳跃

跳跃是人体通过冰刀力量作用于冰面，获得冰面对人体支撑的反作用力，使人体离开冰面跃起的动作，包括"3"字跳、外勾半周跳、后内结环一周跳、后外结环一周跳、后外点冰一周跳、后内点冰一周跳、外勾一周跳、沃里一周跳、点冰沃里一周跳和开腿跳等。

"3"字跳的动作方法（见图3-4-1）是：

（1）左脚起跳，做右脚后外曲线滑行或用左脚前外"3"字步做辅助动作；

（2）右脚蹬冰，左脚用外刃同右脚呈"T"字形滑出，深屈膝，两臂在浮腿后，重心放在滑腿；

（3）起跳时浮腿及两臂由后向前上方摆振，身体在空中旋转180度；

（4）落冰时右脚由刀齿过渡到刀前外刃着冰，做后外滑，左臂在前，右臂在侧，抬头挺胸，呈落冰姿势；

（5）用同样方法、相反姿势进行右脚起跳。

图3-4-1

外勾半周跳

外勾半周跳的动作方法(见图3-4-2)是:

(1)左脚起跳,做左脚后外曲线滑行,左臂在前,右臂在后,右脚在滑线的延长线上自然后伸;

(2)深屈滑膝,重心向圆内倾倒,浮脚自然后引,上体保持正直,目视前方;

(3)滑膝伸直跳起,浮脚用刀齿点冰,左臂由体前经体侧后摆,右臂自然收回至体前,身体向左转体180度;

(4)左脚刀齿先着冰,向后蹬冰,右脚用冰刀前内刃后半部着冰,顺势向前滑出,左臂在前,右臂在侧后,上体保持正直,挺胸抬头;

(5)用同样方法、相反姿势进行右脚起跳。

图3-4-2

后内结环一周跳

后内结环一周跳的动作方法（见图3-4-3）是：

（1）左脚起跳，滑左脚前外曲线，用左脚前外"3"字步做辅助动作；

（2）深屈滑膝，浮腿伸直后引，两臂由体侧向后摆，起跳时滑腿用力蹬直，浮腿及两臂由后向前摆振，身体腾空后向左转体360度；

（3）落冰时右脚由刀齿过渡到刀刃着冰，后外曲线滑出；

（4）用同样方法、相反姿势进行右脚起跳。

图3-4-3

后外结环一周跳

后外结环一周跳的动作方法（见图3-4-4）是：

（1）右脚起跳，左脚滑前外"3"字步；

（2）换脚滑右脚后外曲线，深屈右膝，浮腿在前，与滑腿交叉，左臂在前，右臂在后；

（3）起跳时滑腿用力蹬直，浮腿及两臂由下向上摆振，身体腾空后

向左转体 360 度;

(4)落冰时右脚由刀齿过渡到刀刃着冰,后外曲线滑出;

(5)用同样方法、相反姿势进行左脚起跳。

图 3—4—4

后外点冰一周跳的动作方法(见图 3—4—5)是:

(1)左脚起跳,左脚滑前内"3"字步;

(2)左脚变左后外曲线滑行,右脚放在滑线上,左腿屈膝,左肩后拉,右腿自然伸直后引,右臂在前;

(3)起跳时左腿蹬直,右脚用刀齿点冰,左臂由后向前摆,右臂由前向后拉肩转体,腾空后向右转体 360 度;

(4)落冰时左脚由刀齿过渡到刀刃着冰,后外曲线滑出,浮足朝侧后下方,脚背绷直,向外伸展;

(5)用同样方法、相反姿势进行右脚起跳。

图 3-4-5

 后内点冰一周跳

后内点冰一周跳的动作方法（见图 3-4-6）是：

（1）左脚起跳，左脚滑前外"3"字步；

（2）左脚变后内曲线滑行，上体保持正直，滑腿略屈，右腿自然伸直，尽量后引，刀齿点冰，左臂在前，右臂在后并拉右肩，防止身体过早转动；

（3）起跳时头向左转，拉左肩，左臂由前经体侧后引，右臂由后向前摆，使身体腾空后向左转体 360 度；

（4）落冰时右脚由刀齿过渡到刀刃着冰，后外曲线滑出；

（5）用同样方法、相反姿势进行右脚起跳。

图 3-4-6

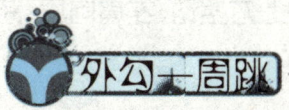

外勾一周跳的动作方法（见图 3-4-7）是：

（1）向左转体，左脚滑后外曲线；

（2）身体重心倾向圆内，滑腿深屈，左臂在前，右臂在后，右腿自然伸直后引；

（3）起跳时蹬直滑腿，浮脚用刀齿点冰，左臂由前经体侧向后拉肩，右臂由后向前摆，使身体腾空，向左转体 360 度，在空中呈反转姿势；

（4）落冰时右脚由刀齿过渡到刀刃着冰，后外曲线滑出，浮脚侧后方伸出；

（5）用同样方法、相反姿势进行向右转体外勾一周跳。

图 3-4-7

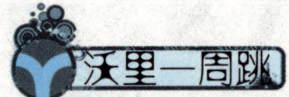沃里一周跳

沃里一周跳的动作方法（见图 3-4-8）是：

（1）起跳前左肩在前，深屈右腿，做后内刃滑行，左腿略屈于右腿内侧或略后方；

（2）起跳时，右脚起跳伸直，左腿用力向侧上方摆动，左肩向后，完成空中 360 度转体，右后外刃落冰。

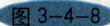

图 3-4-8

点冰沃里一周跳

点冰沃里一周跳的动作方法（见图 3-4-9）是：

（1）与沃里一周跳动作相同；

（2）起跳时，用左刀齿点冰协助。

图 3-4-9

 开腿跳

开腿跳的动作方法（见图 3-4-10）是：

（1）起跳前左脚做后内刃或平刃滑行，膝部屈曲；

（2）起跳时，用右刀齿点冰，跳至空中后，右腿向后伸直摆动，左腿向前伸直摆动，上体转体 90 度；

（3）在达到最高点时，两腿充分向两侧伸直分开，然后迅速合拢，再转体 90 度，用右前内刃落冰，左刀齿点冰协助，此时，左肩在前，以协调身体平衡。

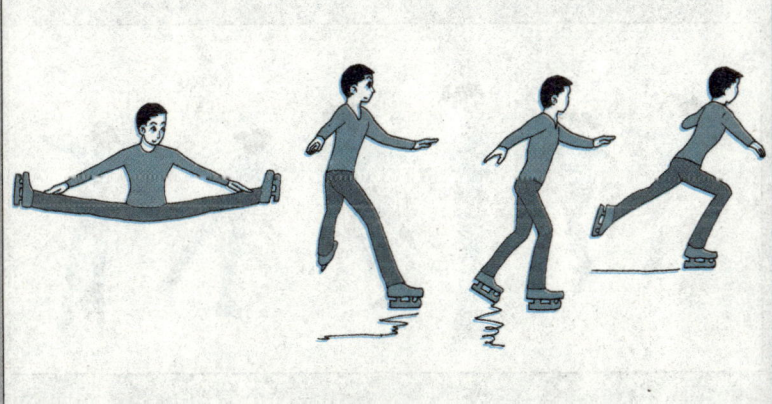

图 3-4-10

第五节

旋转

　　旋转是指身体重心集中在冰刀的某一点或某一支面上，身体纵轴与转轴重合，形成中心稳定的冰上转动，包括双足直立旋转、单足直立旋转、单足直立反旋转、蹲踞旋转、弓身旋转、燕式旋转和蹲踞换脚旋转等。

 双足直立旋转

　　双足直立旋转的动作方法（见图 3-5-1）是：

　　（1）向左旋转，右脚滑后内曲线，浮脚在后远离滑脚，浮脚同侧臂在前，异侧臂在后，面朝旋转的方向；

　　（2）右脚用力蹬冰，身体重心移至左脚，左脚滑一个前外"3"字步，后内曲线滑出；

　　（3）右脚由后摆至前，与左脚呈"八"字形，前内刃着冰，两臂平举；

　　（4）左臂后引开始旋转，转动后两臂收至胸前加速，结束时两臂打开，左脚后内刃蹬冰，右脚后外刃滑出；

　　（5）用同样方法、相反姿势向右旋转。

图 3-5-1

单足直立旋转的动作方法（见图 3—5—2）是：

（1）向左旋转，右脚滑后内曲线，浮脚在后远离滑脚，浮脚同侧臂在前，异侧臂在后，面朝旋转方向；

（2）右脚用力蹬冰，身体重心移至左脚，左脚滑一个前外"3"字步，后内曲线滑行，右腿伸直，由后摆到前，带动身体转动；

（3）两臂侧举，待重心稳定，两臂和浮脚靠拢，身体加快转动；

（4）旋转结束，两臂侧举，左脚蹬冰，右脚后外刃滑出；

（5）用同样方法、相反姿势向右旋转。

旋转

图 3—5—2

单足直立反旋转

单足直立反旋转的动作方法（见图3-5-3）是：

（1）右脚做后外直立旋转，右脚前内曲线滑行，弧线要短，用冰刀中部，左臂在前，右臂在后，浮脚在后；

（2）身体左转滑"3"字步，右脚后外刃着冰，立即旋转，左臂在前，右臂在侧，略屈膝；

（3）旋转开始后，膝伸直，浮腿在滑腿前交叉，浮腿髋部外旋，两臂侧平举，左肩略高，逐渐把两臂收抱胸前，加快转速；

（4）旋转还保持一定速度时，滑脚外刃蹬冰，浮脚内刃着冰，向后滑出，右臂在前，左臂在后，浮腿在后；

（5）用同样方法、相反姿势进行左脚后外直立旋转。

图3-5-3

蹲踞旋转的动作方法（见图3-5-4）是：

（1）准备动作同单足直立旋转，向右旋转，左脚蹬冰，右脚前外刃深屈膝滑出，浮腿尽量伸直；

（2）右脚滑前外"3"字步，后内曲线滑出，浮腿尽快经体侧摆至滑脚前，带动身体旋转，同时滑腿下蹲；

（3）结束动作可由蹲转起立，变单足直立旋转，也可由蹲转直接换脚滑出；

（4）用同样方法、相反姿势进行向左旋转。

图 3-5-4

弓身旋转 ◆◆◆◆◆◆◆◆

弓身旋转的动作方法（见图 3-5-5）是：

与单足直立旋转基本相同，只是旋转时呈弓身姿势。

图 3—5—5

 **燕式旋转** ◆◆◆◆◆◆◆◆◆◆◆◆

燕式旋转的动作方法（见图 3—5—6)是：

（1）上体前屈，浮腿向后高抬，使身体与旋转腿垂直；

（2）在做左前外刃"3"字转体时，上体即开始前屈，浮腿向后抬起，准备进入燕式姿势；

（3）当用刀齿制动开始起转时，左肩向前，同时向左旋转方向用力，右臂可随意伸展，滑腿由略屈变伸直，转"3"字后进入后内刃旋转，头部略抬。

图 3—5—6

蹲踞换脚旋转

蹲踞换脚旋转的动作方法（见图 3-5-7）是：

（1）起转时为蹲踞旋转，旋转超过 5 圈后，将前伸的右腿收回，形成短时间两脚蹲踞姿势，并迅速将身体重心由左后内刃移至右后外刃；

（2）将左腿前伸，保持右后外刃反蹲踞旋转姿势，直至旋转结束。

图 3-5-7

第四章 双人花样滑冰技术

双人花样滑冰是由男、女构成一组,在音乐伴奏下,两人密切配合,按一定的连接方式,共同完成一套动作。双人花样滑冰技术包括连接方式、托举动作、捻转托举、抛跳、螺旋线和双人旋转等。

第一节

连接方式

　　双人花样滑冰在做双人滑动作时,都要以不同的连接方式来完成,常用的连接方式包括华尔兹式、扶肩托举式、双手扶髋托举式、舞蹈托举式、探戈托举式、单拉手式、双拉手式、交臂双拉手式、基里安式和单臂托举式等。

华尔兹式

　　华尔兹式的动作方法（见图4-1-1)是:

　　(1)两人相对站立,男伴左手与女伴右手相握,沿肩部水平方向侧伸,肘部略屈;

　　(2)女伴左手扶男伴右肩,男伴右手扶女伴后腰;

　　(3)表演时两人滑行方向相反,如女伴向前滑行,则男伴向后滑行。

图4-1-1

扶肩托举式

　　扶肩托举式的动作方法(见图4-1-2)是:

　　(1)男女相对站立,男伴左手与女伴右手相握;

　　(2)女伴左手扶男伴右肩,臂伸直,男伴右手扶女伴左腋下;

　　(3)表演时两人滑行方向相反。

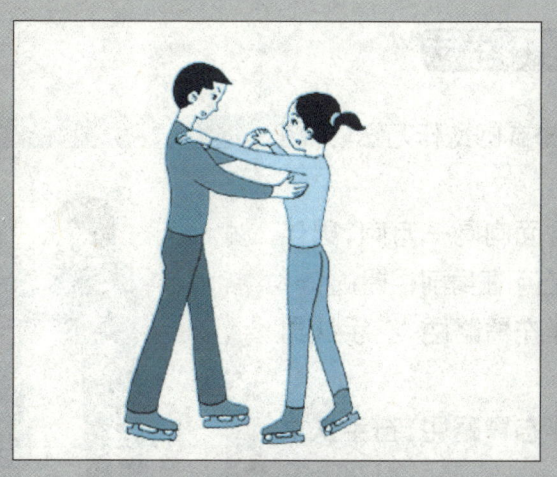

图 4-1-2

双手扶髋托举式

双手扶髋托举式的动作方法(见图 4-1-3)是：

(1)男女相对站立,女伴双手扶男伴双肩,两臂伸直；

(2)男伴双手扶女伴双髋；

(3)表演时两人滑行方向相反。

图 4-1-3

舞蹈托举式

舞蹈托举式的动作方法（见图4-1-4）是：

（1）男女面向同一方向，男伴左手与女伴右手在身前相握；

（2）女伴左臂略屈，左手扶男伴右肩；

（3）男伴右臂略屈，右手扶女伴左腋下；

（4）表演时两人滑行方向相同，同时向前或同时向后滑行。

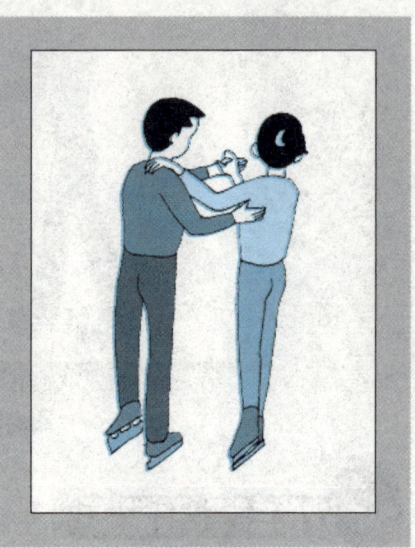

图 4-1-4

探戈托举式

探戈托举式的动作方法（见图4-1-5）是：

（1）男女面向同一方向，男伴左手与女伴右手在身前相握；

（2）女伴左臂略屈，左手扶男伴右肩；

（3）男伴右臂扶女伴后腰；

（4）表演时两人滑行方向相同。

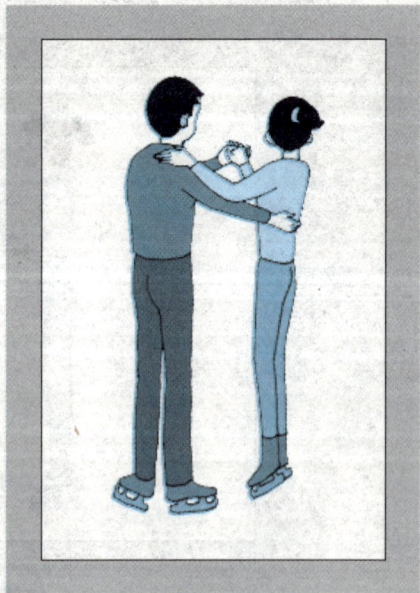

图 4-1-5

单拉手式

单拉手式的动作方法(见图 4-1-6)是:

(1)两人面向同一方向,相邻臂伸直,两手相握;

(2)表演时两人滑行方向相同。

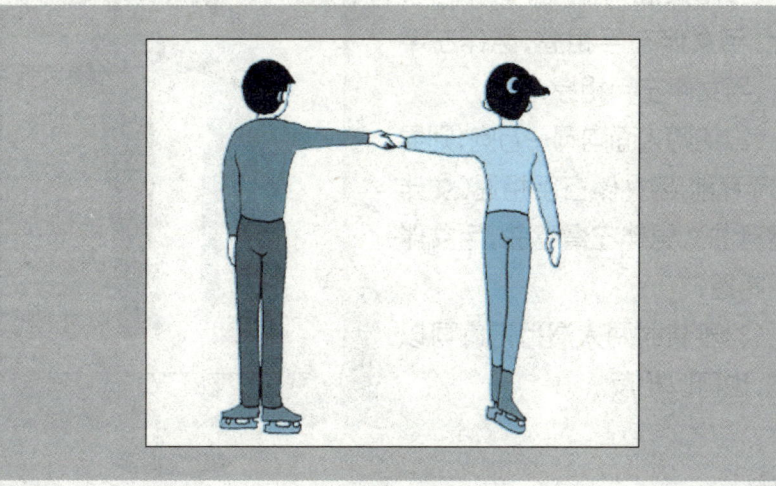

图 4-1-6

双拉手式

双拉手式的动作方法（见图 4-1-7)是:

(1)两人可以面对面两手相握,也可以女伴背对男伴;

(2)两臂伸直,两人的同侧手相握;

(3)表演时两人滑行方向可以相同,也可以相反。

图 4-1-7

交臂双拉手式

交臂双拉手式的动作方法（见图 4-1-8）是：

（1）两人面对面时，男伴右手在上，与女伴右手相握，男伴左手在下，与女伴左手相握；

（2）如两人面向同一方向，则男伴右手在前，与女伴右手相握（女伴右臂弯曲），男伴左臂弯曲，与女伴左手相握；

（3）表演时两人滑行方向可以相同，也可以相反。

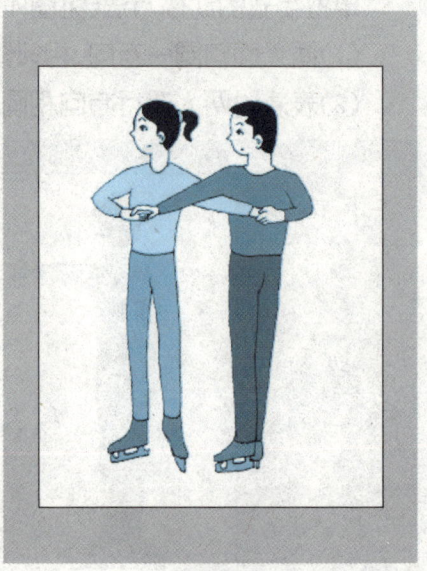

图 4-1-8

基里安式

基里安式的动作方法（见图 4-1-9）是：

（1）两人面向同一方向，男伴站在女伴左后方，两人左手相握，伸向左前方；

（2）男伴右手扶女伴右髋，女伴右臂弯曲，肘部向侧方，右手扶男伴右手；

（3）如女伴站在男伴左前方，连接方式和姿势正好相反，称反基里安式，无论哪种基里安式，两人滑行方向都相同。

图 4-1-9

双人花样滑冰技术

单臂托举式的动作方法(见图 4-1-10)是:

(1)两人面向同一方向,男伴左手与女伴左手相握;

(2)男伴右手扶女伴左腋下,女伴右臂自然向侧前方伸展;

(3)表演时两人滑行方向相同。

图 4-1-10

第二节

托举动作

托举动作是指两人在滑行中,以上述某一种连接方式,男伴将女伴托起至空中,完成转体动作,再落到冰上的一系列连续动作,包括勾手托举、菲力普托举、华尔兹托举、结环托举、双臂托举、单臂托举、交臂拉索托举、单臂扶髋托举和盘状托举等。

勾手托举的动作方法(见图 4-2-1)是:

（1）女伴左脚后外刃，右脚点冰起跳，男伴双脚向后滑行采用舞蹈托举式将女伴托起；

（2）空中转体一周、两周或三周；

（3）女伴右脚后外刃落冰，男伴双脚向后滑行。

图 4-2-1

 菲力普托举 ◆◆◆◆◆◆◆◆◆◆

菲力普托举的动作方法（见图4-2-2）是：

（1）女伴左脚后内刃，右脚点冰起跳，男伴双脚向前滑行，采用扶肩托举式将女伴托起；

（2）空中转体一周、两周或三周；

（3）女伴右脚后外刃落冰，男伴双脚向后滑行。

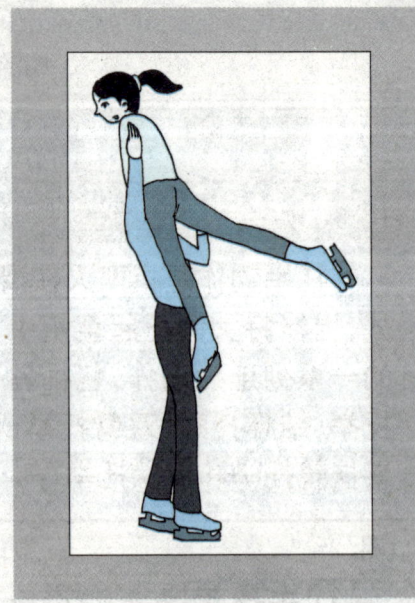

图 4-2-2

 **华尔兹托举**

华尔兹托举的动作方法（见图4-2-3）是：

（1）女伴左脚前外刃起跳，男伴双脚向后滑行，采用华尔兹托举式将女伴托起；

（2）空中转体半周、一周半或两周半；

（3）女伴右脚后外刃落冰，男伴单脚或双脚向前滑行。

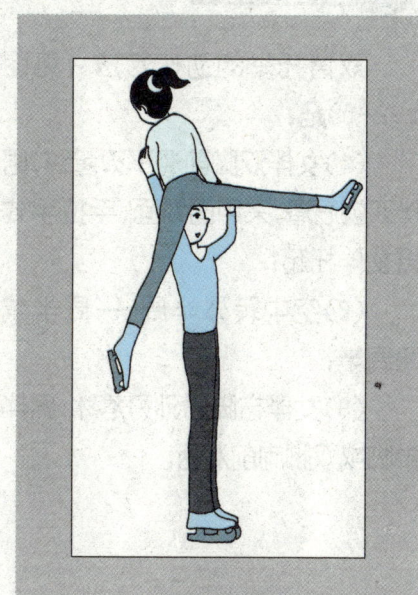

图4-2-3

 **结环托举**

结环托举的动作方法（见图4-2-4）是：

（1）女伴右脚后外刃起跳，男伴双脚向后滑行，采用女背面对男面部的双手连接式将女伴托起；

（2）空中转体一周、两周或三周；

（3）女伴右脚后外刃落冰，男伴右脚后外刃滑行。

图4-2-4

双臂托举的动作方法（见图 4-2-5）是：

（1）女伴双脚前滑平刃起跳，男伴双脚后滑，采用面对面、手拉手式将女伴托起；

（2）空中转体半周、一周半或两周半；

（3）女伴右脚后外刃落冰，男伴单脚或双脚向前滑行。

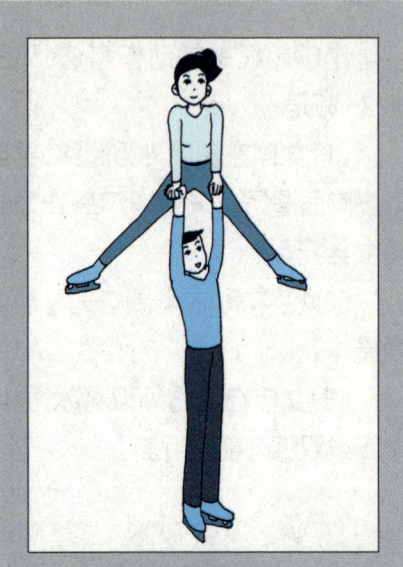

图 4-2-5

单臂托举的动作方法（见图 4-2-6）是：

（1）女伴双脚向前滑行平刃起跳，男伴双脚向后滑行，采用面对面、手拉手式将女伴托起；

（2）空中转体一周半、两周半或三周半；

（3）女伴右脚后外刃落冰，男伴单脚或双脚向前滑行。

图 4-2-6

交臂拉索托举

交臂拉索托举的动作方法（见图 4-2-7）是：

（1）女伴前外刃点冰起跳，男伴双脚向前滑行；

（2）空中转体一周、两周或三周；

（3）女伴右脚后外刃落冰，男伴双脚或单脚向前滑行。

图 4-2-7

单臂扶髋托举

单臂扶髋托举的动作方法（见图 4-2-8）是：

（1）女伴右脚后内刃点冰起跳，男伴双脚向后滑行，采用单臂扶髋式将女伴托起；

（2）空中转体一周、两周或三周；

（3）女伴右脚后外刃落冰，男伴双脚或单脚向前滑行。

图 4-2-8

盘状托举的动作方法（见图4-2-9）是：

（1）女伴双脚起跳，男伴双脚向后滑行，采用面对面、双手扶髋式将女伴托起；

（2）空中转体半周、一周半或两周半；

（3）女伴右脚后外刃落冰，男伴双脚或单脚向前滑行。

图 4-2-9

第三节

捻转托举

捻转托举是指女伴在托举中借助男伴双手捻动，在空中完成纵轴转体，并由男伴协助平稳落冰的连续动作。与托举动作的根本不同在于捻动后、落冰前的瞬间，女伴脱离男伴，自行在空中完成转体动作，包括勾手捻转托举和单臂扶髋捻转托举等。

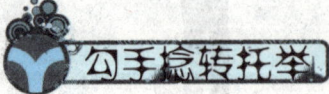

勾手捻转托举的动作方法（见图4-3-1）是：

（1）女伴左脚后外刃或平刃，右脚点冰起跳，男伴双脚向后滑行，采用女伴背对男伴、双手扶髋托举式将女伴托起；

（2）空中转体一周、两周或三周；

（3）女伴右脚后外刃落冰。

图 4-3-1

 单臂扶髋捻转托举

单臂扶髋捻转托举的动作方法（见图 4-3-2）是：

（1）女伴右脚后内刃点冰起跳，男伴双脚向后滑行，采用单臂扶髋式将女伴托起；

（2）空中转体一周或两周；

（3）女伴右脚后外刃落冰，男伴双脚或单脚向前滑行。

图 4-3-2

抛跳

　　抛跳是指在滑行中男伴将女伴抛向空中，女伴在空中完成转体，自行落冰的连续动作，包括一周半抛跳、后内结环抛跳、后外结环抛跳和后外点冰抛跳等。

 一周半抛跳 ◆◆◆◆◆◆◆◆◆◆◆

　　一周半抛跳的动作方法（见图4-4-1）是：

　　（1）女伴左脚前外刃起跳，男伴采用华尔兹式将女伴抛起；

　　（2）空中转体一周半；

　　（3）女伴右脚后外刃落冰。

图4-4-1

 后内结环抛跳 ◆◆◆◆◆◆◆◆◆◆◆

　　后内结环抛跳的动作方法（见图4-4-2）是：

（1）女伴左脚后内刃起跳，男伴采用基里安式将女伴抛起；

（2）空中转体一周、两周或三周；

（3）女伴右脚后外刃落冰。

图 4-4-2

后外结环抛跳

后外结环抛跳的动作方法（见图 4-4-3）是：

（1）女伴右脚后外刃起跳，男伴采用女背对男面部、男伴双手扶髋托举式将女伴抛起；

（2）空中转体一周、两周或三周；

（3）女伴右脚后外刃落冰。

图 4-4-3

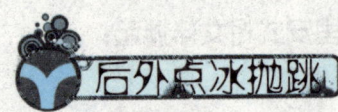 后外点冰抛跳

后外点冰抛跳的动作方法（见图 4-4-4）是：

（1）女伴右脚后外刃点冰起跳，男伴采用女背对男面部、男伴双手扶髋托举式将女伴抛起；

（2）空中转体一周、两周或三周；

（3）女伴右脚后外刃落冰。

图 4-4-4

第五节

螺旋线

螺旋线是指男女伴有一只手互相牵拉，女伴在男伴协助下，滑行中身体向侧方或后方弯曲呈弓状，用刀刃不同部位绕男伴滑行的动作，包括前内刃螺旋线、后内刃螺旋线和后外螺旋线等。

 前内刃螺旋线

前内刃螺旋线的动作方法（见图 4-5-1）是：

（1）女伴用前内刃滑行；

（2）男伴呈规尺状滑行姿势；

（3）采用单拉手式（男右女右）连接。

双人花样滑冰技术

图 4-5-1

 后内刃螺旋线 ◆◆◆◆◆◆◆◆

后内刃螺旋线的动作方法(见图 4-5-2)是:

(1)女伴用后内刃滑行;

(2)男伴呈规尺状滑行姿势;

(3)采用单拉手式(男右女右)连接。

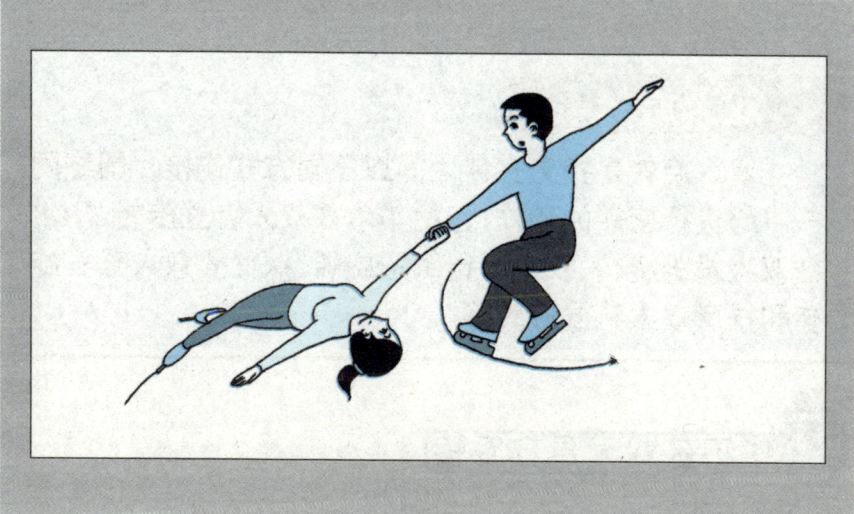

图 4-5-2

 **后外螺旋线**

后外螺旋线的动作方法（见图4-5-3）是：

（1）女伴用后外刃滑行；

（2）男伴呈规尺状滑行姿势；

（3）采用单拉手式（男右女右）连接。

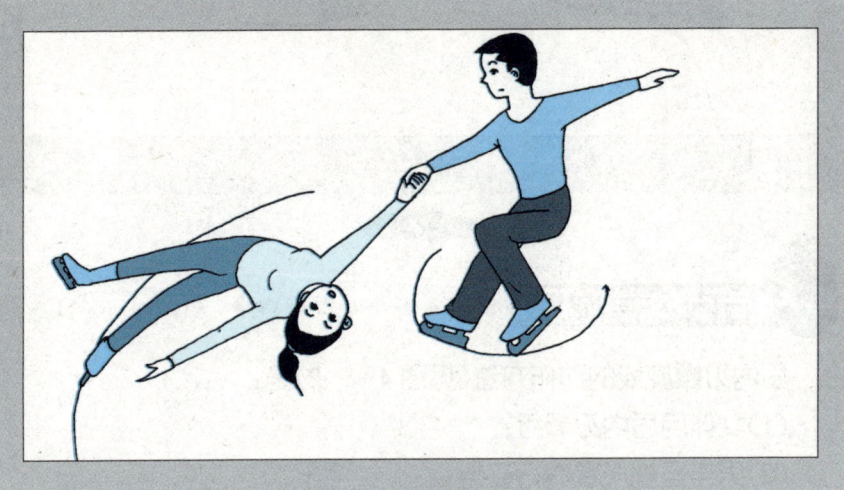

图4-5-3

第六节

双人旋转

　　双人旋转是指男女伴之间以不同方式连接，围绕同一中心进行旋转的动作，包括华尔兹双人直立旋转、华尔兹双人蹲踞旋转、双人平行蹲踞旋转、探戈式双人燕式旋转和扶腰双人燕式旋转等。

华尔兹双人直立旋转

华尔兹双人直立旋转的动作方法（见图4-6-1）是：

（1）男伴左脚后内（或右后外）刃旋转；

（2）女伴左脚后内（或右后外）刃旋转；

（3）采用华尔兹式连接。

图 4-6-1

华尔兹双人蹲踞旋转

华尔兹双人蹲踞旋转的动作方法（见图 4-6-2）是：

（1）男女伴均为左脚后内（或右脚后外）刃旋转；

（2）采用华尔兹式连接。

图 4-6-2

双人旋转

双人平行蹲踞旋转

双人平行蹲踞旋转的动作方法(见图4-6-3)是:

(1)男伴左脚后内刃(右腿向前伸)旋转;

(2)女伴右脚后外刃(左腿向后伸)旋转;

(3)采用华尔兹式连接。

图4-6-3

探戈式双人燕式旋转

探戈式双人燕式旋转的动作
方法(见图4-6-4)是:

(1)男伴右脚后内刃旋转;

(2)女伴右脚后内刃旋转;

(3)采用探戈式连接。

图4-6-4

扶腰双人燕式旋转

扶腰双人燕式旋转的动作方法（见图4-6-5）是：

（1）男伴左脚后内刃旋转；

（2）女伴右脚前内刃旋转；

（3）采用男女伴头对脚扶腰式连接。

图4-6-5

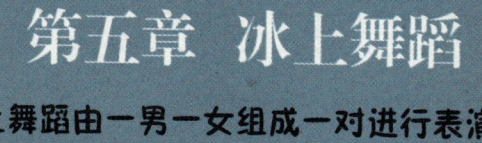

第五章 冰上舞蹈

　　冰上舞蹈由一男一女组成一对进行表演。在表演中只允许用多变优美的冰上舞蹈步法、舞蹈动作和舞蹈托举去表达音乐的风格和特点,不允许做双人滑动作。冰上舞蹈包括规定图案舞蹈、创编舞蹈和自由舞蹈三个项目,在表演时各种舞蹈要求各不相同,但它们的基本姿势、连接方式、基本步法和表现形式基本上是相同的。

第一节

基本姿势和连接方式

　　冰上舞蹈的基本姿势和连接方式有些与双人滑很相似,但要求更加严格、规范。在不同的冰上舞蹈中,要求的基本姿势和连接方式也不相同,只有这样,才能通过表演表达出不同韵律和风格的舞蹈特点。基本姿势和连接方式包括单拉手式、华尔兹式、狐步式、探戈式、基里安式和挽臂式等。

单拉手式

　　单拉手式的动作方法(见图 5-1-1)是:

　　男女各一只手相握(根据表演需要决定哪只手相握),两人可以面对面,也可以背对背。

图 5-1-1

华尔兹式

华尔兹式的动作方法（见图5-1-2)是：

（1）男女相对站立，男伴左手与女伴右手相握，在肩部水平向体侧伸出，两人肘关节略屈；

（2）男伴右手五指并拢，扶于女伴左侧后胸部；

（3）女伴左臂略屈，与男伴右臂上下重叠，左手五指并拢，扶于男伴右肩部；

（4）两人之间保持适当距离，表演时两人滑行方向相反。

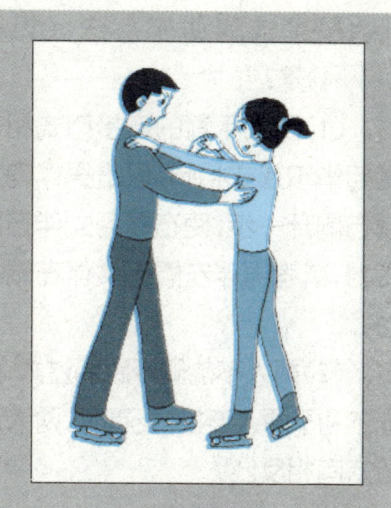

图 5-1-2

狐步式

狐步式的动作方法（见图5-1-3)是：

（1）两人手臂连接方式和位置同华尔兹式，只是男女伴面向同一方向；

（2）表演时两人滑行方向相同，或向握手的一侧，或向扶肩的一侧；

（3）滑行中两人应保持一定距离。

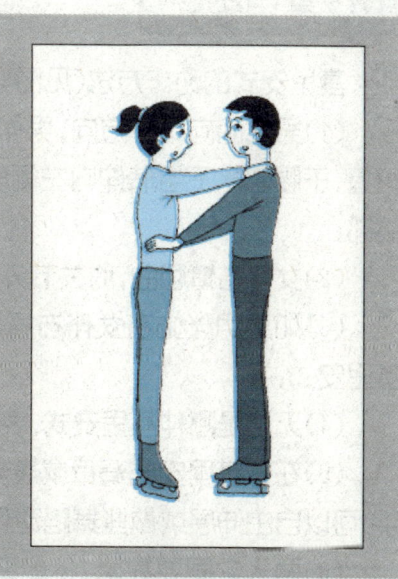

图 5-1-3

探戈式

探戈式的动作方法（见图5-1-4）是：

（1）两人手臂的连接方式和位置与华尔兹式相同，只是男伴向左或右侧开一步，使右髋与女伴右髋相对，或者男伴左髋与女伴左髋相对；

（2）两人不能侧开距离过大，那样不利于两人连接，表演时，两人滑行方向相反。

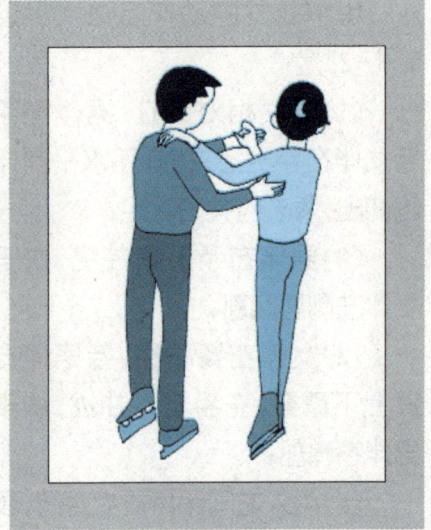

图5-1-4

基里安式

基里安式的动作方法（见图5-1-5）是：

（1）男女面向同一方向，男伴位于女伴左侧后方，左手与女伴右手相握，于腰部水平自然伸向左侧前方，右臂绕女伴身后，右手扶女伴右髋部；

（2）女伴右臂屈曲，肘关节外展，右手扶于男伴左手之上；

（3）如果男伴站在女伴右后侧方，连接手不变，姿势相反，则称反基里安式；

（4）无论是哪种基里安式，表演时两人滑行方向都一致；

（5）在做基里安式滑行或表演时，女伴的右手（反基里安式时的左手）可以自由伸展或做些舞蹈动作，以配合表演；

（6）两人之间要靠紧，不能离得太远，否则不仅不利于滑行，而且姿势会遭到破坏，失去优美感。

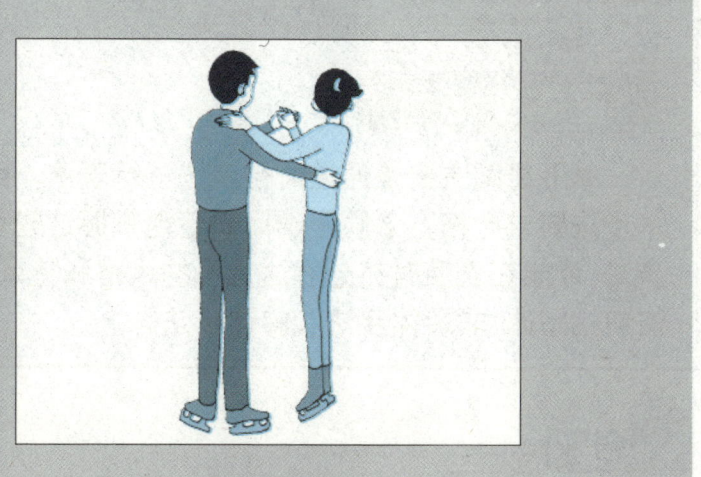

图 5-1-5

挽臂式

挽臂式的动作方法（见图 5-1-6）是：

（1）男女面向同一方向，男伴在女伴的左侧或右侧；

（2）两人相邻近的手臂相挽，肘关节屈曲；

（3）另一只手臂可以自然伸展或做些舞蹈动作，表演时，两人滑行方向一致。

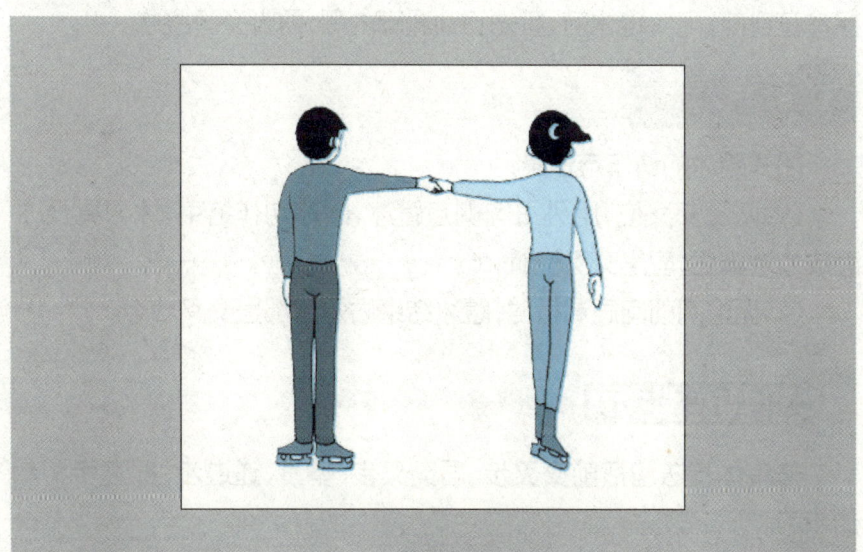

图 5-1-6

第二节

基本步法

冰上舞蹈主要是通过滑行步法进行表演，因此对基本步法要求严格，必须正确而规范地掌握这些基本滑行步法，才能在表演时充分表达音乐的风格和特点。基本步法包括蹬冰、非转体步法和转体步法等。

蹬冰包括开式蹬冰和闭式蹬冰等。

开式蹬冰的动作方法是：

（1）两脚平放在冰面上，两腿不交叉，向前滑行时，一只脚用内刃向侧方蹬冰，蹬冰后的浮腿应保持在身后，再次蹬冰前，应先回到滑脚内侧，两脚交替蹬冰；

（2）向后滑行时，一只脚用内刃向侧方蹬冰，完成蹬冰后，浮腿应保持在身前，再次蹬冰前，应先回到滑脚内侧，两脚交替蹬冰。

闭式蹬冰

闭式蹬冰的动作方法是：

（1）两脚交叉位，用外刃向侧方蹬冰，蹬冰动作结束，冰刀离开冰面成为浮脚后，应呈交叉位置；

（2）无论向前向后滑行时，蹬冰结束后两腿都呈交叉状态。

非转体步法包括前交叉步、后交叉步、垫步、递进步、摇滚步和滑动步等。

 **前交叉步**

前交叉步的动作方法是：

在做前外刃滑行时，浮腿经滑脚前方放在滑脚前外侧，形成前交叉步。

 后交叉步

后交叉步的动作方法是：

在做前外刃滑行时，浮腿经滑脚后方放在滑脚后外侧，形成后交叉步。

 **垫步**

交叉垫步

交叉垫步的动作方法是：

（1）向前滑行时，浮脚在滑脚后方放到冰面上，形成交叉；

（2）向后滑行时，浮脚在滑脚前方放到冰面上，形成交叉。

滑动垫步

滑动垫步的动作方法是：

（1）向前滑行时，滑脚在身前离开冰面；

（2）向后滑行时，滑脚在身后离开冰面。

 递进步(夏塞步)

递进步的动作方法是：

浮脚先经过滑脚，然后再放到冰面上，它能起到牵拉滑脚的作用。

 摇滚步

交叉摇滚步

交叉摇滚步的动作方法是：

（1）向前交叉摇滚步，浮脚在滑脚前交叉，滑行动力是滑脚的外刃蹬冰；

（2）再向后交叉摇滚步，浮脚在滑脚后交叉，滑行动力来源也是外刃蹬冰；

（3）无论前交叉还是后交叉摇滚步，交叉后都要立即换脚，形成新的滑脚和新的浮脚。

 摆动摇滚步

摆动摇滚步的动作方法是：

（1）在做摇滚步时，浮腿可以向前（向后滑时向后）摆动，然后再回到滑脚一侧，做上述交叉摇滚步动作；

（2）有时要占音乐的数拍才能完成一个摆动摇滚步。

 滑动步

滑动步的动作方法是：

（1）两只冰刀放在冰面上做直线滑行。两膝略屈，用一只脚做支撑滑行，另一只脚不离开冰面向前滑动，将腿充分伸直；

（2）如此两腿交替滑动。

转体步法 ◆◆◆◆◆◆◆

由于转动的方式不同，转体步法包括单脚"3"字转体步、换脚"3"字转体步、快换脚"3"字步、华尔兹"3"字步、摆腿内勾手步、摆腿外勾手步、莫霍克步、乔克塔步和捻转步等。

 单脚"3"字转体步

单脚"3"字转体步的动作方法是：

用同一条腿，脚下由外刃转向内刃或由内刃转向外刃，转体周数为180度，具体方法同单人滑"3"字步。

 换脚"3"字转体步

换脚"3"字转体步的动作方法是：

在完成"3"字转体后，将身体重心换到另一只脚上，其方法同单人滑脚"3"字步，如右前外刃、右后内刃"3"字步后，立即将重心移到左后外刃滑行上。

冰上舞蹈

快换脚"3"字步

快换脚"3"字步的动作方法是：

（1）在较短时间内快速完成"3"字转体，同时换脚，如由右外刃转体并换脚成左后外刃，然后再转体，换脚成右前外刃，如此反复，便形成一个连续转体，同时换脚的快"3"字步；

（2）在做此步法时，转体、换脚和身体重心迅速移动要同时进行，转体动作要快，但又要控制得好。

 ## 华尔兹"3"字步

华尔兹"3"字步的动作方法是：

在转"3"字步时，浮腿尽量伸直，脚尖向下、向外，在线痕之上，接近冰面，浮脚脚心靠近滑脚脚跟。

 ## 摆腿内勾手步

摆腿内勾手步的动作方法是：

在转体前将浮腿由后经滑脚内侧摆向前，完成内勾转体后，再由后经滑脚摆向前方，浮腿摆动时，浮脚应保持在线痕上。

 ## 摆腿外勾手步

摆腿外勾手步的动作方法是：

由内刃变内刃或外刃变外刃的单脚滑行，与摆腿内勾手步基本相同，方向相反。

 ## 莫霍克步

开式莫霍克步

开式莫霍克步的动作方法（见图 5-2-1）是：

（1）在同一圆弧完成线上，完成内刃变内刃或外刃变外刃的换脚，转体 180 度；

（2）在换脚时，浮脚脚跟在内侧放到冰面上，在完成换脚和重心移

动后,新的浮脚(原滑脚)立即离开冰面,并放在新滑脚的后方,两脚两腿呈开式;

(3)要求转体平稳,转体前后弧线对称,弧度相同。

图 5-2-1

 闭式莫霍克步

闭式莫霍克步的动作方法是:

换脚方式同上,但在换脚和重心移动完成后,新浮脚和浮腿要经过滑脚内侧摆向前方,两脚交叉呈闭式。

摆腿莫霍克步

摆腿莫霍克步的动作方法是:

在做开式或闭式莫霍克步时,转体前首先将浮腿由后经滑脚摆向前方,然后再回到滑脚内侧,完成转体动作。

▼ 乔克塔步

开式乔克塔步

开式乔克塔步的动作方法(见图 5-2-2)是:

(1)由内刃变外刃的换脚转体,其滑线由一个圆过渡到另一个圆上;

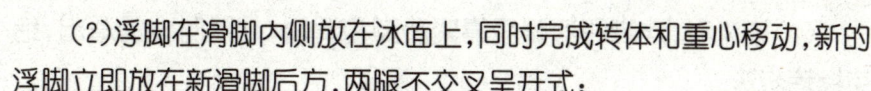

（2）浮脚在滑脚内侧放在冰面上，同时完成转体和重心移动，新的浮脚立即放在新滑脚后方，两腿不交叉呈开式；

（3）要求滑出和进入两圆弧痕对称，曲度相同。

图 5-2-2

 闭式乔克塔步

闭式乔克塔步的动作方法是：

在完成乔克塔转体和重心移动后，新浮腿伸向身前，两腿交叉呈闭式。

摆腿乔克塔步

摆腿乔克塔步的动作方法是：

在做开式或闭式乔克塔步时，浮腿首先经滑腿由后向前摆动，然后再回到滑腿内侧，完成乔克塔转身。

捻转步

捻转步的动作方法是：

（1）在冰上完成连续转体动作，转体动作滑行距离极短，但又不是在原地转体，这一连串动作要用单脚来完成；

（2）转体方向可以是顺时针，也可以是逆时针；

（3）转体时，浮脚和浮腿应靠紧滑脚和滑腿，并随时准备滑出，结束捻转步法。

第三节
舞蹈托举

舞蹈托举不同于双人滑托举动作，一般是指在肩部水平以上的不同造型和姿态的小托举。舞蹈托举要求造型优美并富于创新性，动作要舒展大方并有连续性，姿态应具有舞蹈特征并要轻松自如。此外，动作还要充分表现音乐的风格和特点。

托举动作往往是一套表演节目中的重要点缀，因此必须根据所选音乐的风格特点，经过精心设计的具有独特造型的舞蹈托举，才能增加表演气氛，使表演取得成功（见图5-3-1）。

图5-3-1

第四节

舞蹈造型

　　舞蹈造型是指两人在滑行中以不同的舞蹈姿态互相配合,构成一组优美滑动的形象。

　　冰上舞蹈造型是冰上舞蹈的重要表演形式之一,在滑动中造型,不仅可以给人以美感,而且可以充分表达舞蹈和音乐的风格特点。一个好的舞蹈造型,可以给人以编排上的新意感,所以,不同风格的舞蹈要采用不同的造型,在编排时必须与整套表演内容协调一致。

　　单一的舞蹈造型在滑行中给人以美感,将几个舞蹈造型有机地连接在一起,则可以给人以流动、连续和变幻莫测的感受(见图 5-4-1)。

图 5-4-1

第六章 比赛规则

　　花样滑冰比赛的组织与裁判是一项复杂而细致的工作。为保证比赛的顺利进行,选手要遵守比赛规则,积极配合裁判员的工作;裁判员要忠于职守,尽心尽职。

第一节

程序

比赛程序是保证比赛顺利进行的关键要素之一,是每个选手都必须遵守的准则。

 **比赛时间** ◆◆◆◆◆◆◆

 单人滑

(1)成年组:男子 4 分半钟,女子 4 分钟;

(2)少年甲组:男子 4 分钟,女子 3 分半钟;

(3)少年乙组:男子 3 分半钟,女子 3 分钟;

(4)少年丙组:男子 3 分钟,女子 3 分钟。

双人滑

(1)成年组:4 分半钟;

(2)少年组:4 分钟。

 **比赛方法** ◆◆◆◆◆◆◆

比赛程序包括单人滑和双人滑等。

 **单人滑**

单人滑规定男、女必须分别进行比赛,短节目必须在自由滑行之前滑行,但不得在同一天。

 **双人滑**

短节目必须在自由滑行之前滑行,但不得在同一天进行。

第二节

裁判

　　学习和了解裁判方法,对于我们掌握裁判员的判罚尺度,提高比赛成绩,合理有效地运用规则会有很大的帮助。

 裁判员 ◆◆◆◆◆◆◆◆◆

 裁判组

　　每个裁判组应包括:裁判长 1 人,副裁判长 1 人,裁判员 7 或 9 人,替补裁判员 1 人,记录计时长 1 人,检录员 1 人,记分员 2 人,计时报分员 1 人,共计 15 或 17 人。

 总记录组

　　总分记录组包括:总记录长 1 人,总记录员 4 人,联络员 1 人,共计 6 人。

 评分 ◆◆◆◆◆◆◆◆◆

 评分等级

　　(1)0 分:没滑。

　　(2)1 分:很不好。

　　(3)2 分:不好。

　　(4)3 分:一般。

　　(5)4 分:好。

　　(6)b 分:很好。

　　(7)6 分:完美无缺。

 成绩计算

针对每名选手,需要准备两张记分卡片,两名记分员各负责一张记分卡并独立进行记分。选手的所有得分由记分员记在记分卡上并尽快进行核对。

（1）短节目的规定动作分和表演分相加即为选手的所得分数。自由滑的技术水平分和艺术印象分相加即为选手所得分。

（2）在双人滑比赛中,短节目的比赛分和表演分相加即为选手所得的分数。自由滑的技术水平分和艺术印象分相加所得分数即为选手的所得分数。

 规则

规则是指导竞赛和评分的核心部分。主要包括比赛项目中各单项竞赛的具体内容,如动作名称、技术要求、数量要求、评分标准、裁判方法和扣分标准等。下面简单介绍一下单人花样滑冰和双人花样滑冰的一些基本规则。

 单人花样滑冰

单人花样滑冰包括男子单人滑和女子单人滑两项。除规定的某些技术动作男、女选手之间略有不同外,有关规则要求基本一致。男、女单人花样滑冰各有两个竞赛项目,即单人滑短节目和单人自由滑。

❄ 单人滑短节目

单人滑短节目是选手在自选音乐的伴奏下,在规定的时间内(一般为 2 分 40 秒)做规定的 8 个动作,规定动作中包括跳跃(2 个)、联合跳跃(1 个)、旋转(1 个)、跳接旋转(1 个)、联合旋转(1 个)和接续步(2 个)。

评价单人滑短节目水平时,要从规定动作完成和表演情况两个方面评定,裁判员要给选手的表演两个分数,即规定动作分和表演分。

（1）规定动作

①跳跃动作的高度、远度、技术、跳起和落冰动作的利落程度；

②联合跳跃的两个跳跃动作的难度和完成情况；

③旋转动作的力量、旋转中心、控制能力、旋转周数、旋转动作姿势、旋转速度等情况；

④跳接旋转中跳的高度、空中姿势和旋转动作完成情况；

⑤接续步和步法中所用步法的难度、姿势、滑行流畅性和稳定性、步法与音乐风格特点的一致性等。

（2）表演

①整套内容编排的协调性和均衡性，并与所选音乐的配合情况；

②步法的难度；

③滑行速度；

④整个冰面的利用情况；

⑤动作轻松稳定以及与音乐节奏的一致情况；

⑥姿势和风格；

⑦独创性；

⑧音乐风格特点的表达。

（3）判罚

①单人滑短节目在时间上不得超过 2 分钟，但在完成所有规定的动作的条件下，时间不足是可以的，超过允许时间的额外动作不予以评分；

②非规定动作或重复的动作，甚至失误的动作不予评分；

③在连续步法中，不超过半周的小跳动作是允许的；

④任何一个转动或旋转动作超过一周以上应考虑是附加动作，必须予以扣分。

单人自由滑

单人自由滑是指选手在规定的时间内（男女选手不同，不同年龄组也可以不同），在自选音乐的伴奏下，自由地做各种冰上技术动作，如跳跃、联合跳跃、旋转、联合旋转、接续步、自由滑动作和连接步法等的一整套表演动作。单人自由滑主要从两个方面进行评价，即技术水平和艺术印象。

（1）技术水平

①动作的难度（失败动作不包括在内）；

②动作的多样性；

③动作的熟练性和稳定性。

（2）艺术印象

①整套自由滑内容编排的协调性和均衡性，以及与所选音乐的配合情况；

②冰面的利用情况；

③动作的轻松与稳定性，以及与音乐节奏的一致性；

④姿势；

⑤独创性；

⑥音乐风格特点的表达。

（3）判罚

①就跳跃而言（包括点冰跳），必须特别注意起跳利落，任何双脚起跳和落冰，裁判员不予评分，旋转必须注意平稳地开始、稳定的旋转中心和有控制的令人满意的结束动作；

②一个动作由于跌倒而失败不予评分，无意识地触冰必须根据其严重程度在评分中有所反映，一次跌倒对选手本身来讲并不妨碍取胜，如果这一跌倒影响了编排的协调性，也要在艺术印象分中有所反映；

③不必要的和过长的双脚滑行必须扣分，跟斗型的跳跃是禁止的，必须扣分；

④重复的单人自由滑动作（如：跳跃、旋转、连续步）在技术分中不予评分，联合动作需给分；

⑤在技术水平评分时还应考虑到滑行和步法的难度、多样化，也应注意自由滑中跳跃、旋转、步法和其他连接动作的数量的均衡性，如果只有一两个动作组成的自由滑，必须给低分。

 双人花样滑冰

双人花样滑冰必须由一男一女组成一对进行表演。它包括双人滑短节目和双人自由滑两个竞赛项目。

双人滑短节目

双人滑短节目是指在自选音乐的伴奏下,二人相互配合共同完成 8 个规定动作,时间为 2 分 40 秒。8 个规定动作包括:托举(1 个)、捻转托举(1 个)、单人跳跃动作(1 个)、螺旋线(1 个)、单人旋转或跳接旋转(1 个)、双人联合旋转(1 个)和接续步(2 个)等。对双人滑短节目要评规定动作分和表演分。这两个分数要求内容与单人滑短节目相同,只是对二人在滑行和做动作时互相配合的协调一致性也要进行评价。

双人滑短节目的具体判罚标准如下:

(1)双人滑短节目不得超过 2 分 15 秒,但在完成所有动作的前提下,时间可以短些;

(2)不必要的延长短节目时间所允许的最大限度,不予以额外评分;

(3)选手自选音乐,连接步是允许的,必须给予评分,但对这类步法必须限制在把规定动作连接在一起的所需的最低限度内;

(4)附加动作或者重复动作,以及失败动作,在规定动作中必须予以扣分,但在连续步中不超过半周的小跳动作是允许的;

(5)在单人跳跃中必须按照每个同伴完成动作的价值给予评分。

双人自由滑

双人自由滑是二人在自选音乐伴奏下,在规定的时间内(成年组 4 分 30 秒、少年组 4 分)在冰上自由地滑行。选手所做动作应包括托举、捻转托举、抛跳。单人跳、双人旋转或双人联合旋转、单人旋转、螺旋线、双人接续步和其他双人自由滑动作等。在评分双人自由滑时,按技术水平和艺术印象评分,其要求内容与单人自由滑相同。

总结一下双人花样滑冰与单人花样滑冰的最大不同是:双人花样滑冰应着重于双人动作,尤其是二人动作的协调一致和身材比例,如果男女身材比例很不协调,那么裁判员会给予适当扣分。此外,双人花样滑冰在正式比赛中有很多动作是禁止做的,如转体的原地托举动

作,女伴在男伴肩、膝或背部冰刀离开冰面的动作,女伴跳向男伴的动作,超过一周半的小托举,男伴抓女伴手、脚、腿或颈部在空中旋转的动作等。如果在双人自由滑中出现此类动作,就要对其技术水平和艺术印象进行扣分,这是双人自由滑正式比赛与一般娱乐性表演的根本区别。

双人自由滑的具体判罚标准如下:

(1)一个动作由于跌倒而失败不予评分;

(2)不必要的和过长的双脚滑行必须扣分,跟斗型的跳跃是禁止的,必须扣分;

(3)重复的自由滑动作,如跳跃、旋转、连续不在技术分中不予评分,如果是联合动作需给分;

(4)就跳跃而言,任何双脚起跳落冰,裁判员不予评分;

(5)在技术水平评分时,还应考虑滑行和步法的难度、多样化,也应注意自由滑中,跳跃、旋转、步法和其他连接动作的数量的均衡性,如果只有一个动作组成的双人自由滑,必须给予低分。

冰上舞蹈

冰上舞蹈虽然也是一男一女组成一对,但它与双人滑完全不同。冰上舞蹈男女之间有要求严格而规范的舞蹈联结方式和冰上舞蹈步法,在表演时不允许做双人滑动作,只能用冰上舞蹈的优美姿态,步法和舞蹈托举等动作去表现音乐。冰上舞蹈比赛有三个项目,即规定图案舞、创编舞和自由舞。

规定图案舞

选手必须在规定韵律和节奏的音乐伴奏下(一般每个舞蹈有 3 个节奏相同的音乐),按固定的联结方式、步法和图案进行滑行表演。

规定图案舞蹈列入竞赛的共 18 套,它们的音乐韵律、节奏、风格、舞伴之间的联结方式、滑行图案及步法,都是固定的,但又各不相同。对规定图案舞蹈只评一个分数,其要求如下:

(1)节奏感,滑行步法的节奏是否与音乐一致;

(2)图案的正确性,滑行图案包括滑行方向、线痕的曲度、图案的

形状位置是否正确,重复滑行时是否与原图案相重合等;

(3)步法的准确性,规定舞蹈中有很多步法,尤其是每套规定舞蹈都有重点步法,这些步法的用刃、身体姿势和节奏的准确性很重要;

(4)舞蹈风格特点的表达,每一个规定舞蹈都有其特定的韵律、节奏、风格和特点;

(5)舞伴间配合的协调性和一致性,包括两个人的动作、转体、联结方式、步法和滑行等多方面的配合。

创编舞

创编舞是选手根据规定的韵律风格和节奏去选择音乐,在规定的时间内(2分钟)自行编排一套冰上舞蹈。

选手必须按规定正确地选择音乐,然后再根据要求和音乐风格特点创造性地进行编排。所编排的动作、步法、舞蹈姿势、风格、节奏变化和两人的联结方式等,都应与所选的音乐一致。这就要求编排和表演者对自己选择的音乐风格和特点有较深的领会。

评价创编舞要评两个分数,即内容编排分和表演分。

内容编排分包括以下几方面:

(1)舞蹈编排的难度,独创性和多样性;

(2)动作的熟练性和稳定性;

(3)冰面的利用;

(4)滑行用刃、身体侧斜及流畅性。

表演分包括以下几方面:

(1)与音乐节奏一致;

(2)音乐选择要正确;

(3)两人舞蹈动作与音乐的韵律、风格和特点吻合;

(4)艺术表演;

(5)姿态、风格一致性。

自由舞

自由舞是选手在规定的时间内(4分钟),在自选音乐的伴奏下,自行编排一套舞蹈动作。音乐的韵律和节奏都不加限制,选手可以根据各自的特长任意发挥,但不允许做双人滑动作。

评价自由舞要评两个分数,即技术水平分和艺术印象分。

技术水平分包括以下几方面:

(1)动作的难度,包括舞蹈步法、姿势、舞蹈托举和转体动作等;

(2)独创性,要有创新动作或动作组合;

(3)多样性,不只是几种舞步的重复;

(4)熟练性和稳定性,舞蹈动作和滑行步法的质量(是否流畅平稳而不带棱角)、控制能力、两人协调一致和基本技术等;

(5)滑行用刃纯正流畅。

艺术印象分包括以下几方面:

(1)正确地选择音乐;

(2)均衡地安排整套舞蹈内容;

(3)舞蹈动作要轻松而稳定,并与音乐的节奏一致;

(4)姿势、风格和两人协调一致性;

(5)正确表达音乐的特点和风格;

(6)冰面的利用;

(7)相适应的服装。

 其他项目

除单、双人滑和冰上舞蹈以外,还有单人表演项目、4人花样滑冰和集体滑行表演等不同项目。

单人表演项目

单人表演项目是指男或女选手根据各自的爱好,完全自由地选择音乐(不包括声乐),并根据所选音乐的内容情节,设计动作进行表演。也可以做在单人滑中不允许做的技巧和杂技类动作。为表现音乐,增强表演效果,可以穿各式服装,但不可以拿道具。总之,只要对表演有利,能达到表达音乐内容目的,一切手段均可以利用。评价单人表演也要评编排分和表演分。

4人花样滑冰

4人花样滑冰是由两男两女组成,在表演时选手不仅要做双人滑中的某些动作,还必须有4人联合动作,如4人托举、4人螺旋线、4人联合旋转等。如果 4 人滑表演只是两队双人滑，而无 4 人联合动作，则是不成功的 4 人滑表演。评价 4 人滑也是评技术水平分和艺术印象分两个分数。

集体滑行表演

集体滑行表演是指由 12～20 人组成一支表演队，可以由男女混合编队，男女人数比例不限。表演时主要以冰上滑行步法、队形变化、转体动作和其他自由滑动作为主。在表演中，选手不断地滑行、变换位置和联结方式，使队形和图案不断变化。在滑行中要求所有选手动作协调一致，选手之间彼此照应。评价集体滑行表演也是评编排分和表演分两个分数。

裁
判